编委会

主　编：王道杰　曹爱春　陈　燕　谢　莹

副主编：周超群　王惠敏　李　旻　吴震宇　杨梦莹　舒　鹏

编　委（按姓氏笔画排序）：

王亚丽　王惠敏　王道杰　方家省　刘力豪　李　东

李　旻　李旺林　杨梦莹　吴震宇　张子健　张成明

张晓玲　陈　燕　周文娟　周杨雪　周超群　郑小倩

姜　敏　袁丽停　郭杨乐　黄　姚　曹爱春　彭盛莲

蒋　娟　舒　鹏　谢　莹　潘晨莹　霍　凯

特色体能课间操

王道杰 曹爱春 陈 燕 谢 莹⊙主编

江西人民出版社
Jiangxi People's Publishing House
全国百佳出版社

图书在版编目（CIP）数据

特色体能课间操 / 王道杰等主编 .—南昌：江西人民出版社，2021.10

ISBN 978-7-210-12683-6

Ⅰ.①特…　Ⅱ.①王…　Ⅲ.①广播体操　Ⅳ.①G831.1

中国版本图书馆 CIP 数据核字（2020）第 271693 号

特色体能课间操

TESE TINENG KEJIANCAO

王道杰　曹爱春　陈　燕　谢　莹　主编

责任编辑：饶　芬

出　　版：江西人民出版社

发　　行：各地新华书店

地　　址：江西省南昌市三经路 47 号附 1 号

编辑部电话：0791-86898683

发行部电话：0791-86898801

邮　　编：330006

网　　址：www.jxpph.com

E-mail：gjzx999@126.com

版　　次：2021 年 10 月第 1 版

印　　次：2021 年 10 月第 1 次印刷

开　　本：787 毫米 ×1092 毫米　1/16

印　　张：10.75

字　　数：180 千字

ISBN 978-7-210-12683-6

定　　价：48.00 元

赣版权登字—01—2021—576

版权所有　侵权必究

承 印 厂：北京虎彩文化传播有限公司

赣人版图书凡属印刷、装订错误，请随时向江西人民出版社调换，服务电话：0791-86898820

前　言

　　随着社会经济文化的发展，新时代课间操的内容与形式逐渐显露出新变化、新面貌，比如山东省济南市明珠小学的"垫上体能课间操"、广东省东莞市莞城步步高小学的"绳彩飞扬课间操"、辽宁省大连市凌水小学的"篮球操"、湖南省怀化市宏宇小学的"'霸王别姬'课间操"、甘肃省酒泉市敦煌中学的"敦煌舞课间操"等先进做法，取得良好成效。本教材《特色体能课间操》借鉴了新时代相关优秀课间操的先进理念，并将实践层面的表现提炼升华至系统的课间操文化理论。所以，不论是实践层面，还是理论层面，均彰显着时代发展的潮流，符合课间操与学校体育的发展趋势。

　　对于学校体育，习近平总书记（2018）指出"要树立健康第一的教育理念，开齐开足体育课，帮助学生在体育锻炼中享受乐趣、增强体质、健全人格、锤炼意志"。在学校体育重要价值不断被强调的背景下，近些年，体育中考、体育高考成为全民热议话题，学校体育的地位不断被重新定义，逐步引起社会广泛重视与关注。在时代潮流面前，本教材具有鲜明的时代特征，为学校体育的发展注入了新活力，满足了学生多样化的体育项目需要，能够形成并利于推广特色鲜明的校园体育文化。

　　本教材获得了南昌大学教材出版资助，以及江西省教育科学"十三五"规划课题（项目编号：19YB006）的基金资助，在此特别感谢江西省教育科学规划领导小组办公室、南昌大学教务处、南昌大学社会科学处以及相关专家评委！

一、教材的主要内容

由于课间操的实践性特征，根据教学实际需要，本教材主要分为理论与实践两大部分。其中理论部分既是实践部分的铺垫，又含先进理念的升华；实践部分既是理论部分的活化，又是特色理念的示范。

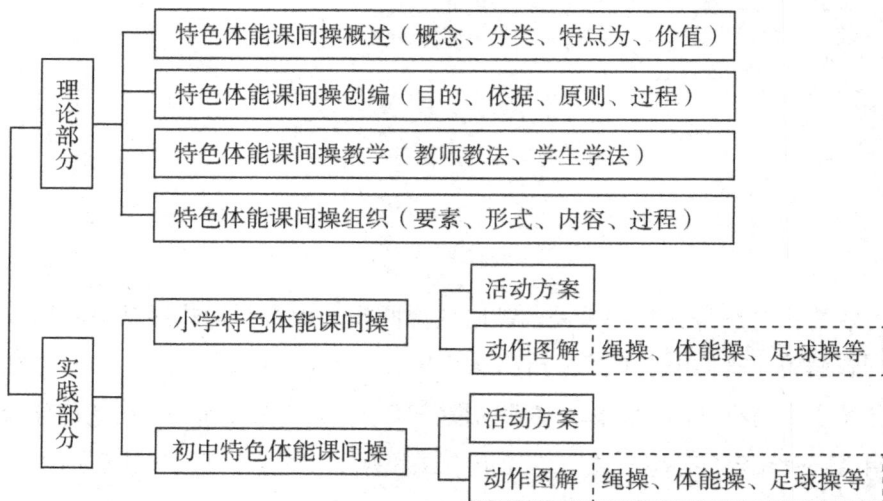

```
                  ┌─ 特色体能课间操概述（概念、分类、特点为、价值）
          理论    ├─ 特色体能课间操创编（目的、依据、原则、过程）
          部分    ├─ 特色体能课间操教学（教师教法、学生学法）
                  └─ 特色体能课间操组织（要素、形式、内容、过程）

                  ┌─ 小学特色体能课间操 ─┬─ 活动方案
          实践    │                      └─ 动作图解 ┄ 绳操、体能操、足球操等
          部分    └─ 初中特色体能课间操 ─┬─ 活动方案
                                         └─ 动作图解 ┄ 绳操、体能操、足球操等
```

《特色体能课间操》主要内容架构图

1. 理论部分

第一章是特色体能课间操的概述。本章主要包括四个部分。一是特色体能课间操的概念与演变，在回顾广播体操等历史的基础上，梳理了课间操的发展阶段；二是课间操的分类，主要从器械的采用与否进行分类探讨；三是特色体能课间操的价值，主要有促进学生身心健康、活跃学校体育文化、丰富校园文化生活、打造地域文化品牌等；四是特色体能课间操的特点。

第二章是特色体能课间操的创编。课间操作为大课间体育活动的重要主体，创编事项关系着课间操的生命力与成效。本章主要包括以下内容：一是创编目的，主要是满足学生成长需要、满足学校发展需要、满足社会现实需要；二是创编原则，主要从成果方向、运动成效、表现形式与教学推广四个方面进行分析；三是创编过程，主要是理念的确立、方案的设计、团队的建构、技术的创编、技术的修改、成果的形成、成果的应用等。

第三章是特色体能课间操的教学。教学是课间操活动执行的关键环节，特色体能课间操的教学具有实践性、双边性、整体性、继承与发展性、启发性、灵活性等特点，本章在传统教学方法的基础上，依据实践经验，探讨了学生助教法、小组写作法、双人互助法等三种教法，以及探究学习法、回顾学习法与表演学习法三种学法。

第四章是特色体能课间操的组织。方案设计是课间操组织的首要环节，主要包括组织方案的要素、形式与内容等；特色体能课间操组织的实施过程主要包括准备工作、器材发放与回收、班级就位与返回、实时引导等环节。

2.实践部分

越是民族的，就越是世界的。同样，越是贴近现实的代表性个案，示范性启示意义越大。所以，本教材的实践部分基于江西省一所小学与一所中学，从各自学校的现实条件出发，设计了适用性、实用性较强的《活动方案》，并依据前期教研成果，在反复试验的基础上创编了具有中小学衔接的绳操、体能操与足球操，体现着特色性、新颖性、趣味性、体能性、互动性、简易性等特征。

二、教材的主要特色

在充分吸收传统课间操优点的基础上，本教材以创新为价值导向，顺应课间操的时代发展，力求教材内容的普适性、广泛性与影响性，以打造"教师爱用、学生爱学、收效良好"的课间操教材。基于以上教材编写初衷，《特色体能课间操》在理念、形式和项目上均具备较为鲜明的教材特色。

1.大课间理念的特色：体能性与趣味性相结合

与传统的课间操相比，本教材的主要理念是通过课间操这一重要的学校活动，提高学生体能素质，以"野蛮学生体魄"。在多数人的印象里，课间操往往"形式大于锻炼"，鉴于此，本教材在原有课间操的运动节奏、形式下，加以创新改编，形成以体能锻炼为主要形式的新型课间操，提升课间操的锻炼效果。同时，为激发学生的体育兴趣、培养学生的体育锻炼习惯，在突出体能性的基础上，本教材从理论与实践方面出发，在音乐、器材、形式等内容的选用与创编上力求契合学生的兴趣点，将特色体能课间操的体能性与趣味性充分融合，达到学生"笑着流汗"的教学效果。

2.课间操形式的特色：结构化与动态化相结合

本教材的特色体能课间操形式多样，在体能性理念的引导下，突出结构化与动态化相结合的特点。由于各年级的学生有着相应年龄的身心特点，所以，在课间操的设计方案中，应该根据学校实际条件，按年级来划分课间操的项目与难度等。鉴于此，本教材编排了多个阶段的内容，甚至在相同的课间操项目上设置不一样的强度，或相同强度下进行不同的项目，以适应不同阶段层次学生的锻炼需求。特色体能课间操不只是大课间体育活动的实践安排，更是一种基于时代趋势潮流与学生身心需要的先进理念，本教材以动态发展的眼光进行课间操编排，引入多种课间操形式，创新学校体育活动，丰富校园体育文化。

3. 课间操项目的特色：新颖性与传统性相结合

本教材的课间操项目在传统课间操项目的基础上，对课间操的表现形式进行了创新，丰富了课间操内容，既包含了传统课间操的文化内涵，又突出了课间操项目的现代性与新颖性。我国课间操向来注重集体队列，以身体关节与部位为序，进行课间操的编排，形成了独特的课间操文化。《特色体能课间操》的系列创编，保留了我国传统课间操的组织性与制度化，安排了较多的队列组合变化。同时，随着体育项目在我国的丰富与发展，为满足不同学生对不同运动项目的要求，教材也引入了绳操、足球操等不同的运动项目进行课间操编排，充分做到了新颖性与传统性的结合。

在前期教研成果的基础上，本研究继续总结提炼相关理论，研发了一系列健身健心、吸引力强、简单易行、便于推广、富有美感的特色体能课间操。为便于研发成果的推广和教学实践的实施，提高普通中小学自编课间操的能力和水平，我们进行了多次试验，以期更好地使研发成果应用于实践，更好地将项目成果全面推广，用实际成果、实际行动践行"强化体育课和课外锻炼，促进青少年身心健康、体魄强健"[①] 的指示精神。

---

① 中共中央关于全面深化改革若干重大问题的决定 [N]. 人民日报,2013-11-16（001-004）.

目　录
CONTENTS

第二部分　实践部分

导　言

　　增强青少年体能素质，促进青少年身心健康，是关系国家和民族未来的大事。2020 年 4 月 21 日，习近平总书记在陕西省安康市平利县老县镇中心小学，对青少年提出了殷切期望："文明其精神，野蛮其体魄"，同时也对我国学校体育工作指明了努力方向。2020 年 8 月 31 日，经中央全面深化改革委员会第十三次会议审议通过，经国务院同意，国家体育总局、教育部联合印发的《关于深化体教融合　促进青少年健康发展的意见》（体发〔2020〕1 号）提出，"树立健康第一的教育理念，面向全体学生，开齐开足体育课，帮助学生在体育锻炼中享受乐趣、增强体质、健全人格、锤炼意志，实现文明其精神、野蛮其体魄"。

　　在众多体育运动形式中，课间操（群众体育称为"工间操"）是各级各类学校大课间体育活动普遍选择的主体内容，一直以来都发挥着不可替代的作用，对青少年学生身心健康有着积极的促进意义。就演变历史来讲，课间操的前身是广播体操。随着社会经济、文化的快速发展，社会信息化、网络化的迅速普及，新兴体育项目、传统体育项目的创新转化，课间操在许多地区和学校成为学校体育活动开展的重要组织形式和内容。课间操从理论到实践，从形式到内容不断创新和发展，对学生体质的增强、对学校体育的发展、对校园文化的丰富，一直发挥着重要的作用。

　　从国家层面看，课间操历来得到了党中央、国务院，以及教育部、国家体育总局、共青团中央等的高度重视。1990 年 2 月 20 日经国务院批准、1990 年 3 月 12 日由原国家体育运动委员会发布的《学校体育工作条例》（中华人民共和国国家教育委员会令第 8 号）① 指出，普通中小学校、农业中学、职业中学每天应当安排课间操。2005 年 8 月 19 日，教育部下发的《教育部关于落实保证中小学生每天体育活动时间的意见》（教体艺〔2005〕10 号）② 指出，实行大课间体育活动制度。现实中，许多地方和学校为落实学生每天一小时体育活动，通过调整作息制度，在课间操的基础上，延长活动时间，丰富活动内容，形成了大课间体育活动形式，在实践中收到了很好的效果，也得到了广大教育工作者的普遍好评；以后，各地要在总结经验的基础上尽快推广大课间体育活动形式，并形成制度，将大课间体育活动排入课表，按时进行，各级各类学校积极探索、不断丰富"大课间体育活动"的组织形式和活动内容，科学、合理地安排运动负荷。2006 年 12 月 20 日，教育部、国家体育总局、共青团中央联合下发的《关于开展全国亿万学生阳光体育运动的决定》（教体艺〔2006〕6 号）③ 指出，开展阳光体育运动要与课外体育活动相结合，认真组织实施"全国中小学生课外文体活动工程"，大力推行大课间体育活动形式等。2007 年 5 月 7 日，中共中央、国务院在《中共中央　国务院关于加强青少年体育增强青少年体质的意见》④（亦称中央 7 号文件）中指出，全面实行大课间体育活动制度，每天上午统一安排 25–30 分钟的大课间体育活动，认真组织学生做好广播体操、开展集体体育活动。2009 年 8 月 30 日公布的中华人民共和国国务院令第 560 号《全民健身条例》⑤ 第二十一条指出，学校应当按照《中华人民共和国体育法》和《学校体育工作条例》的规定，根据学生的年龄、性别和体质状况，组织实施体育课教学，开展广播体操、

①　中华人民共和国教育部．学校体育工作条例（中华人民共和国国家教育委员会令第 8 号）[EB/OL]．中华人民共和国中央人民政府，2012–11–15. http：//www.gov.cn/fwxx/content_2267007.htm.

②　教育部．教育部关于落实保证中小学生每天体育活动时间的意见（教体艺〔2005〕10 号）[EB/OL]．中华人民共和国教育部，2005–08–19.http：//www.moe.edu.cn/publicfiles/business/htmlfiles/moe/s3276/201001/80889.html.

③　教育部，国家体育总局，共青团中央．教育部　国家体育总局　共青团中央关于开展全国亿万学生阳光体育运动的决定（教体艺〔2006〕6 号）[EB/OL]．中华人民共和国教育部，2006–12–20.http：//www.moe.gov.cn/publicfiles/business/htmlfiles/moe/moe_2530/201001/xxgk_80870.html.

④　中共中央　国务院关于加强青少年体育增强青少年体质的意见（中发〔2007〕7 号）[R].2007–05–07.

⑤　国务院．全民健身条例（中华人民共和国国务院令第 560 号）[M].北京：法律出版社，2009.

眼保健操等体育活动，指导学生的体育锻炼，提高学生的身体素质。2012 年10 月 22 日，国务院办公厅转发的教育部等部门《关于进一步加强学校体育工作的若干意见》（国办发〔2012〕53 号）[①]指出，各级各类学校要制订和实施体育课程、大课间（课间操）和课外体育活动一体化的阳光体育运动方案。2014 年 10 月 20 日，国务院发布《国务院关于加快发展体育产业　促进体育消费的若干意见》（国发〔2014〕46 号）[②]，文件指出，政府机关、企事业单位、社会团体、学校等都应实行工间、课间健身制度等，倡导每天健身一小时。

在新时代背景下，在前期研究《大健康进校园：阳光体育课间操》[③]的基础上，依据现实的发展需要，我们从特色与体能的视角，对课间操进行了持续研究。本教材基于发展现实与潮流趋势，坚持课间操与学校体育、校园品牌、地域文化相结合的原则，有着较强的实用价值。

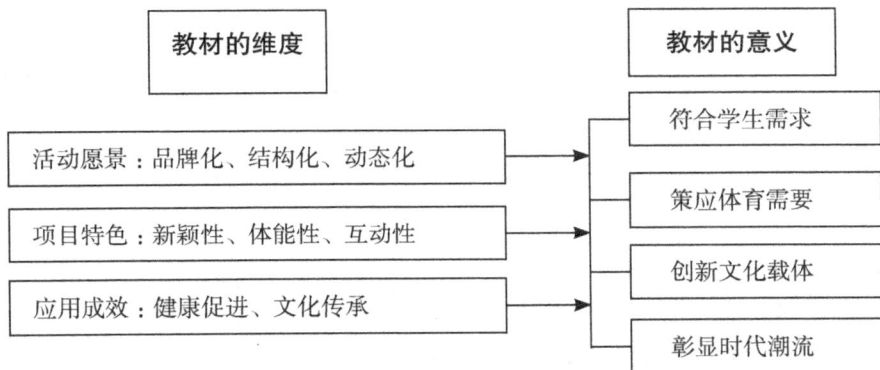

```
┌─────────────────┐              ┌─────────────────┐
│   教材的维度     │              │   教材的意义     │
└─────────────────┘              └─────────────────┘

┌────────────────────────────┐        ┌─────────────────┐
│ 活动愿景：品牌化、结构化、动态化 │───────▶│  符合学生需求    │
└────────────────────────────┘        └─────────────────┘

┌────────────────────────────┐        ┌─────────────────┐
│ 项目特色：新颖性、体能性、互动性 │───────▶│  策应体育需要    │
└────────────────────────────┘        └─────────────────┘

┌────────────────────────────┐        ┌─────────────────┐
│ 应用成效：健康促进、文化传承    │───────▶│  创新文化载体    │
└────────────────────────────┘        └─────────────────┘

                                       ┌─────────────────┐
                                       │  彰显时代潮流    │
                                       └─────────────────┘
```

《特色体能课间操》教材维度与意义示意图

课间操作为全国中小学大课间体育活动的主体形式，在增强学生体质、完善学生人格以及丰富校园文化等方面具有重要作用。《特色体能课间操》的教材理念与实践内容，以青少年学生身心健康需求为根本，集特色性、新颖性、

---

① 国务院办公厅 . 国务院办公厅转发教育部等部门关于进一步加强学校体育工作若干意见的通知（国办发〔2012〕53 号）[EB/OL]. 中华人民共和国中央人民政府，2012-10-22.http：//www.gov.cn/zwgk/2012-10/29/content_2252887.htm.

② 国务院 . 国务院关于加快发展体育产业　促进体育消费的若干意见 [M]. 北京：人民出版社，2014.

③ 郁庆定，王惠敏，罗明凤，等 . 大健康进校园：阳光体育课间操 [M]. 北京：人民体育出版社，2017.

趣味性、体能性、互动性、简易性等特征于一体，致力于打造品牌化、结构化、动态化的体育文化、校园文化、地域文化。在社会经济文化快速发展的时代，在信息化生活方式变迁的时代，《特色体能课间操》倡导的理念与实践案例，有利于促进学校体育的发展，有利于促进青少年学生的身心健康。

第一部分

课间操基础理论

第一章

特色体能课间操的概述

第一节 特色体能课间操的基本内涵

课间操是校园文化的重要组成部分，在增强学生体质、促进身心发展方面具有重要意义。2020 年，习近平总书记在陕西省老县镇中心小学考察时，寄语学生，"文明其精神，野蛮其体魄"。本书所编制的特色体能课间操正是出于强化学生体能，以野蛮学生体魄为目的进行开发与创编的，以达到学校体育"一身汗、精气神"的锻炼效果。

一、特色体能课间操的概念

陆征麟在《概念》[①]一书中指出，概念是思维的形式，它是思维表现的最小单位，是思维的细胞，是理性的认识，是客观事物本质属性的反映；陈跃瀚[②]认为要想获得知识增长，了解事物的概念是前提。概念是研究问题的基础，是反映对象本质属性的思维形式，只有明确所研究的概念，才能使研究有明确的方向[③]。因此，为了对特色体能课间操有更深入的理解，在此首先解析特色体能课间操的概念。

第一，特色。从理论上讲，特色是指事物所表现出的独特形式、风格；而就课间操的实践来说，特色是相对于传统来说的，也就是传统的广播体操。所以，从某种程度上讲，相对于传统的广播体操，在体育项目的融合方面、动作技术的编排方面、组织形式的变化方面或社会文化的传承方面都有相关创新的课间操，称之为特色课

---

① 陆征麟.概念［M］.石家庄：河北人民出版社，1960：2.
② 陈跃瀚.论概念的起源［J］.自然辩证法研究，2016（9）：9-14.
③ 马鸿韬.体育艺术概论［M］.北京：高等教育出版社，2011：20.

间操。

第二，体能。体能一词属于舶来品，又称"体适能""身体能力""身体适能"，在英文文献中，体能的一般表述是"Fitness for competition and win ; Fitness for life activity"，表达身体对事物的适应能力[1]。体能一般分为竞技体能和日常体能（或运动体能和健康体能），竞技体能一般包括力量、速度、耐力、协调、柔韧、灵敏等身体素质，聚焦人身体的运动能力；日常体能主要是指人们适应日常生活的身体能力。刘浩等[2] 在 2008 年就对体能概念的有关文献进行了整合研究，结果显示诸多学者对体能的认识与理解因为视角的不同有所差异，例如熊斗寅认为"体能是一个不确定的概念，有大体能和小体能之分，大体能即泛指身体能力，包括身体运动能力、身体适应能力、身体机能和各项身体素质；小体能则是指运动训练中的体能训练和体能性项目等"；田麦久认为"体能是指运动员机体的基本运动能力，是运动员竞技能力的重要组成部分，运动员的体能发展水平是由身体形态、身体机能及运动素质的发展状况所决定的，分为一般体能和专项体能"。由此可知，体能的概念仍在不断发展中，并没有统一的认识与定义。根据研究需要，本书以人体的力量、速度、耐力、协调、柔韧、灵敏等运动能力代表体能，即对课间操的动作技术编排，综合追求对人体的力量、速度、耐力、协调、柔韧、灵敏等运动能力的锻炼。

第三，课间操。课间操是一种面向全体学生的体育活动形式，是学校体育的重要组成部分。在现有的课间操研究中，部分学者对课间操的概念和意义进行了一定的研究。郭玉学在《小学课间操教学》[3]中指出，课间操是面向全体同学开展的一项体育活动，也是每天进行的大型教育活动，开展好课间操活动能有效增强学生的体质，提高学生的健康水平，为培养学生良好的体育素质打好基础，同时对学生思想品德的培养起着重要作用。陈奎生和金兆均在《早操与课间操》[4]一书中认为，在两课之间的休息时间中举行的全校团体操就是课间操。郁庆定等在《大健康进校园：阳光体育课间操》[5]中认为课间操一般是在两节课之间的休息时间进行的，时间为 20 分钟左右，内容主要以广播体操为主。

---

① 周晓卉.体能概念及相关问题思考［J］.体育文化导刊，2010（6）：106-108，116.
② 刘浩，杨伟军.逻辑学视角下体能概念研究的整合［J］.体育学刊，2008（9）：79-83.
③ 郭玉学.小学课间操教学［M］北京：北京教育出版社，1998：3.
④ 陈奎生，金兆均.早操与课间操［M］.上海：勤奋书局，1949：1-26.
⑤ 郁庆定，王惠敏，罗明凤，等.大健康进校园：阳光体育课间操［M］.北京：人民体育出版社，2017.

综合来看，特色体能课间操是指以增强全体学生的力量、速度、耐力、协调、柔韧或灵敏等运动能力为目的，在体育项目的融合、动作技术的编排、组织形式的变化或社会文化的传承等方面实践创新的课间操。

二、特色体能课间操的分类

创新是一个民族进步的灵魂，且位于五大发展理念首位，足见其重要性。传统的课间操主要以广播体操为主，内容单一乏味，形式简单，大部分学生都对课间操采取应付行为，学生以应付的态度做课间操，就起不到课间操的锻炼效果[①]。为了激发青少年对体育活动的兴趣，实现青少年的增强体质的目的，课间操的创新形式层出不穷，不再仅仅局限于传统广播体操，其内容更加丰富，形式更加灵活多样[②]，特色体能课间操可谓是顺应时代发展的一种课间操理念和形式。

为了更好地展示课间操的形式，本书借鉴《大健康进校园：阳光体育课间操》对课间操的分类方法[③]，按照有无器材的标准练习形式划分，将特色体能课间操分为徒手类和器械类进行阐述。

（一）徒手类

徒手课间操内容较为广泛，只要是不借助器械进行的课间操，都属于徒手课间操，例如广场舞、徒手健美操、武术操、集体舞与民族特色操等都属于徒手课间操的范畴。

1. 广场舞

广场舞是一项深受广大人民群众喜爱的文化体育活动，具有提高参与者身心素质、推动社会精神文明建设、加强基层政府文化服务供给侧结构性改革等作用[④]，很多高校体育校本课程都将广场舞纳入研发项目。对学校来说，将广场舞纳入课间操是一个创新，同时也能将学校的办学特色展现出来；对学生来说，广场舞不同于传统课间操，在音乐方面更有新意且节奏易于掌握，动作简单易学，极大地激发了学生们的运动热情，不仅有利于增强学生的身体素质，同时有益于学生身心健康发展。

---

① 胡秋菊，刘建成.山区中小学课间操的现状调查与思考——以耒阳市坪田学校为例［J］.学苑教育，2015（19）：91.

② 郑寿存.小学课间操的改革［J］.教学与管理，2011（5）：12.

③ 注释：根据研究目的与需要，本部分特色体能课间操的分类内容，主要来自《大健康进校园：阳光体育课间操》（郁庆定，王惠敏，罗明凤，等.大健康进校园：阳光体育课间操［M］.北京：人民体育出版社，2017）一书。

④ 徐月萍，陈华英.广场舞的文化功用和社会效益［J］.人民论坛，2019（3）：140-141.

例如新坝村小学学生（如图 1-1 所示 [①]）以及聊城二中学生（如图 1-2 所示 [②]）课间操进行的广场舞。

图 1-1　新坝村小学课间操跳《小苹果》

图 1-2　聊城二中广场舞课间操

2. 徒手健美操

在我国，健美操运动经历了由起初传入时的学校体育教学形式到竞技赛事，再到健身机构的青睐和群众集体参与的普及，无论横向或纵向的发展，都已形成一种"遍地开花"的繁荣态势。诸类实践表明，健美操运动所行的是一条宽阔的全民性发展之路，健美操在校园里更具有发展活力 [③]。学生学习健美操除了能掌握体育的一

图 1-3　山东省昌乐二中初
中部健美（课间）操

图 1-4　江西省九江市柴桑小学大课
间（健美）操

---

① 千喜良缘婚庆会所. 新坝村小学学生课间操《小苹果》[EB/OL]. 优酷，2014-12-20. http://v.youku.com/v_show/id_XODUyNTc4MTQ4.html?spm=a2hzp.8253869.0.0&from=y1.7-2.

② 暗月 N 潜龙 J. 聊城二中广场舞课间操 [EB/OL]. 优酷，2014-05-01.http://v.youku.com/v_show/id_XNzA2MjU2NDY4.html.

③ 高晓芳. 我国大众健美操运动的民俗化趋势 [J].体育文化导刊，2015（10）：34-38.

技之长外，还能以健康的身体、充沛的精力投入学习[①]。健美操分为大众健美操和竞技健美操两种形式，学校内推广的大部分是健身健美操，也就是大众健美操。大众健美操动作难易适中，适合学生学习和练习，让同学们既不会因为简单而感到乏味，又不会因为太难而失去信心，获得许多学生的青睐。所以一些学校直接将健美操引入大课间，以发挥课内外一体化的作用，如图1-3所示[②]的山东省昌乐二中初中部健美操（课间操）；还有一些学校在传统课间操的基础上，融入健美操元素，创编了校本课间操，并自配了音乐，如图1-4所示的江西省九江市柴桑小学大课间（健美）操。

3.兔子舞

兔子舞是一种喜闻乐见的集体舞蹈，不仅出现于体育活动中，也常常在聚会、聚餐场合被运用，是很好的活跃气氛、增强沟通的手段。一些学校创新性地将兔子舞引入课间操，如图1-5所示[③]，较好地发挥了新型舞蹈对大课间体育活动的贡献。

图1-5   闻喜二中课间操兔子舞

---

① 邓红妮.新颖而实用的准备活动——健美操［J］.体育与科学，1986（4）：40-43.
② 月亮蓝又蓝.山东省昌乐二中初中部健美操（课间操）［EB/OL］.优酷，2012-04-17. http://v.youku.com/v_show/id_XMzgyNjc4MzE2.html.
③ 土豆用户_712209174.闻喜二中课间操《兔子舞+小苹果》［EB/OL］.优酷，2014-09-26.http://v.youku.com/v_show/id_XNzkxMTE2MjI0.html.

4. 礼仪操

礼仪操是在音乐的伴奏下运用人与人之间交往时使用的一些礼仪动作，如握手礼、迎领礼、问候礼等编排的特色课间操；幼儿园等还根据需要将一些良好的生活习惯融入课间操，比如刷牙歌课间操（如图 1-6 所示[①]）等。学生通过礼仪操可以塑造良好的礼仪习惯，促进身心发展；同时，

图 1-6　幼儿园课间操刷牙歌

养成良好的礼仪行为是学生完善人格、形成正确价值观的充分条件[②]。其中《弟子规》则是典型的礼仪操。

5. 集体舞

校园集体舞是学校体育活动之一，是在舞曲伴奏下，融合特定舞步的一种双人配合的舞蹈。2007 年 6 月 1 日，国家教育部在全国中小学推广《第一套全国中小学校园集体舞》[③]，集体舞一度成为学校课间操的主流内容。集体舞的目标是为了培养男同学绅士礼貌、女同学高雅大方的气质，但在推广过程中仍出现了许多反对声音，例如"早恋"问题。因此，学校的正确引导对学生来说十分重要，正确的人生观教育会让学生正确对待与异性之间的关系，使之可以更好地正常交往（如图 1-7 所示[④]）。

图 1-7　高沙小学课间操时间跳校园舞

---

① 沈思辰小高兴.［亲子］幼儿园最萌课间操刷牙歌广播体操沈思辰［EB/OL］.优酷，2013-01-20.http://v.youku.com/v_show/id_XNTA0MjI5Njcy.html.

② 曾腾，张云崖，唐进秀.国学视域下《弟子规》与幼儿武术礼仪教育［J］.武术科学，2014（10）：27.

③ 教育部.教育部关于推广《第一套全国中小学校园集体舞》的通知（教体艺函〔2007〕4 号）［R］.2007-06-01.

④ 杨贵胜.高沙小学课间操时间跳校园舞——让我们舞起来［EB/OL］.东升镇教育信息网，2013-09-17.http://www.dsjy.com/article/show.asp?id=13815.

6. 武术操

传统武术是中国传统文化中最具民族特色的一种身体文化，承载着中国文化中独特的文化基因和精神内涵[①]，它具有强身健体、坚定文化自信的作用。武术操（如图1-8所示[②]）在传统武术的基础上进行了简化，动作更简单易学，适合学生们掌握。通过武术操的推广来加强和促进学生对武术的兴趣，不仅能够提高学校武术课程的教学质量，为国家武术人才的选拔提供生源保障，同时能够为中华优秀传统文化的传承和弘扬做出贡献[③]。

图1-8　浙江义乌千名学生课间齐练武术操

7. 民族特色课间操

民族特色课间操是用音乐配合民族特色舞蹈的一种课间操。少数民族地区的学校教育，不仅应该让长期被忽视的民族民间文化资源进入主流教育，还应肩负起少数民族文化整合的责任[④]。将民族特色与课间操融合是对民族传统文化的传承，也是对我国课间操形式的创新，自推广以来，受到了社会各界的支持，例如思茅一中学的新版佤族民族健身操（如图1-9所示[⑤]）。

图1-9　思茅一中新版佤族民族健身操

---

① 蔡月飞.论传统武术的回归与当代价值［J］.武汉体育学院学报，2015（8）：40-46.

② 郑结瑞.浙江义乌千名学生课间齐练武术操［EB/OL］.人民网，2014-06-04.http://picchina.people.com.cn/n/2014/0604/c213236-25104228.html.

③ 蔡龙.武术作为小学课间操的必要性研究［D］.西安：西安体育学院，2011：I.

④ 普丽春.民族地区学校教育传承少数民族非物质文化遗产的现状与反思——以国家级非物质文化遗产云南彝族烟盒舞为例［J］.民族教育研究，2011，22（2）：112-117.

⑤ 雪涵 Jay.思茅一中间操新版佤族民族健身操阿佤人民唱新歌［EB/OL］.优酷，2014-07-05.http://v.youku.com/v_show/id_XNzM2MzEyNDI0.html.

（二）器械课间操

器械课间操是指课间运用器械进行的操练，包括腰鼓舞、球操、啦啦操、纱巾操、绳操、竹竿操、棍操、呼啦圈操、扇子操等。

1. 腰鼓舞

非物质文化遗产是一个民族、一个国家智慧结晶的历史沉淀，保护与传承是非物质文化遗产存续于历史之中的重要途径[①]。腰鼓舞历史悠久，有极高的艺术与文化价值，是优秀的非物质文化遗产，其中最具代表性的是陕北的民间鼓舞安塞腰鼓[②]。从1999年开始，腰鼓文化走进校园，表演者腰挂腰鼓，手持鼓槌，通过击打鼓面形成音律，并伴随舞步的变化而进行身体的跳动。总体来讲，腰鼓舞课间操有以下价值。第一，打腰鼓有助于学生情绪的宣泄，缓解学习压力，促进心理健康发展；第二，打腰鼓配合舞步能够发展学生的协调性，促进学生身体健康的发展；第三，推广腰鼓舞是民族文化传承和保护的重要途径。长春市第二实验中学针对初中学生创编了腰鼓舞课间操，操场上，600多名初中生，腰上系着鼓，两根鼓槌在手，敲、打、跳，鼓声清脆，红绸翻飞，学生的表演欲望强，学起来也很快（如图1-10所示[③]）。

图1-10　长春市第二实验中学打腰鼓

2. 球操

球操是指运用球作为器械，跟随音乐节奏变化动作的一类课间操，它包括篮球操、足球操、排球操、羽毛球操、网球操、橄榄球操等。本书将以篮球操、足球操、排球操为例进行阐述。

---

① 郑婕，李明."非遗"项目的活态传承研究——以腰鼓文化为例［J］.内江师范学院学报，2013（6）：97-98.

② 许万林，曾玉华.安塞腰鼓在高校的传承分析［J］.体育文化导刊，2012（4）：127-128.

③ 北国网-辽沈晚报.春一中学自编校操学生课间打腰鼓［N/OL］.北国网-辽沈晚报，2011-04-23.http://news.xwh.cn/news/system/2011/04/23/010177918.shtml.

（1）篮球操

篮球运动的发展已有百余年的历史，已成为世界上最为普及的运动项目之一[①]。篮球运动是一项集趣味性、合作性、竞争性于一体的运动项目，受到广大学生的喜爱。部分学校根据学生的喜好创编了篮球课间操，例如缙云实验二小的篮球操（如图 1-11 所示[②]）。

图 1-11　缙云实验二小篮球操比赛

（2）足球操

"发展振兴足球事业关键是把路子走对，长期努力、久久为功，注重打好群众基础、夯实人才根基，从娃娃抓起，从基层抓起，从基础抓起，从群众性参与抓起"[③]，足球运动在校园内越来越普及，也促进了以足球为器械的足球操的发展。足球操是利用足球为器械，根据音乐节奏不停变换动作的一类课间操。大兴小学和东莞中堂中学充分结合学校的发展特色，把足

图 1-12　大兴小学：快乐足球操

图 1-13　东莞中堂中学足球操

---

① 史江杰，马行凤.论篮球运动的发展趋势及我国篮球运动的发展方向［J］.南京体育学院学报（社会科学版），2004（3）：93-95..

② 陈草林.实验二小篮球操比赛［EB/OL］.中国缙云新闻网，2015-05-24.http://jynews.zjol.com.cn/jynews/system/2015/05/24/019361619.shtml.

③ 杨磊，胡雪蓉.中央深改组通过足改方案　振兴足球关键是把路子走对［EB/OL］.人民网，2015-02-28.http://sports.people.com.cn/n/2015/0228/c22134-26609504.html.

球作为学校特色体育项目，在全校开展足球操（如图1-12[①]、1-13所示[②]）。

（3）排球操

中学校园排球运动是群众性排球运动的重要基础[③]。很多学校为了更好地开展排球活动，大胆创新推出自编排球操。排球操是利用排球为器械，根据音乐节奏不停变换动作的一类课间操。例如齐齐哈尔市建华区东路小学自编的排球操（如图1-14所示[④]）。排球操已经成为部分小学生课间活动的一项重要内容，深受小学生喜爱。

图1-14 齐齐哈尔市建华区东路小学排球操

4. 啦啦操

啦啦操是一项深受广大群众喜爱的、普及性极强，集体操、舞蹈、音乐、健身、娱乐于一体的体育项目，也是一项具有独特魅力的新兴体育运动[⑤]。啦啦操不仅是视觉大餐，同时能够让参与者身心愉悦[⑥]。啦啦操不仅具有趣味性、健身性，同时还具有观赏性。集体啦啦操表演是校园里一道靓丽的风景线，以啦啦操作为课间操更能显示学校的创新性和多元性。很多学校已将花球啦啦操作为大课间活动时的课间

图1-15 欣嘉园第一小学课间操花球

① 西楚教育网.大兴小学：快乐足球操做起来［EB/OL］.西楚网，2013-05-09.http://www.xichuedu.net/folder1972/2013/05/2013-05-09279584.html.

② 曾嘉豪.东莞中堂中学首创足球操校园足球原来可以这样玩［EB/OL］.东莞阳光网，2015-11-27.http://sports.sun0769.com/photo/dzbd/201511/t20151127_6044364.shtml#p=1.

③ 沈雨华.当代中学校园排球运动研究［D］.杭州：杭州师范大学，2012：1.

④ 市建华区东路小学："千人排球操"成校园风景线［EB/OL］.新浪网，2013-08-30.http://hlj.sina.com.cn/edu/campus/2013-08-30/133926799.html.

⑤ 左溢.舞蹈啦啦操挥鞭转难度动作训练的优化研究［D］.成都：成都体育学院，2013：I.

⑥ 蒙苗芽.啦啦操运动在高校校园的开展现状及对策研究——以广西高校为例［D］.桂林：广西师范大学，2010.

图 1-16　古雄小学纱巾操

图 1-17　湖北宜昌市夷陵区小学绳操

操，例如欣嘉园第一小学（如图 1-15 所示 [1] ）。

5. 纱巾操

纱巾操是一种新兴的课间操，是利用音乐伴奏使用纱巾进行体育活动的一种形式。纱巾操的优点是运动形式新颖，动作优美，且以纱巾为器械更易于携带（如图 1-16 所示 [2] ）；缺点是器械容易丢失，大部分男同学容易对纱巾操产生抵触心理，认为纱巾操的动作设计不适合男生。

6. 绳操

绳操是艺术体操的一种，起源于欧洲，刚开始只有动作，19 世纪末开始采用音乐伴奏。艺术体操中的绳操与一般的跳绳不同，它与各种舞蹈、转体、平衡、跳跃等动作相结合，千变万化，讲究动作的完美、风格、幅度，强调节奏性，在表演过程中要合理地分配时间、空间，使表演起伏、流畅，在音乐的伴奏下更富有表现力和美感 [3] 。校园中推广的绳操是艺术体操绳操的一种简化，是利用跳绳为器械，配合节奏的一类课间操。校园绳操有器械大众化，方便获取且易于携带，设计花样丰富等优点。缺点是学生们喜爱打闹，跳绳器械可能造成意外伤害。湖北宜昌市夷陵区小学开展的"阳光运动一小时"主题校园集体舞会演活动，就包括绳操（如图 1-17 所示 [4] ）。

① 奇骏 suv. 欣嘉园第一小学课间操（现场声音）［EB/OL］. 优酷，2016-12-01.http://v.youku. com/v_show/id_XMTg0NDQ0MDgyNA==.html?from=s1.8-1-1.2&spm=a2h0k.8191407.0.0.

② 柳玉. 传承民乐特色舞动红绸迎青奥——古小课间操师生集体扭秧歌［EB/OL］. 南京雨花教育网，2011-12-24.http://www.yhjy.cn/htmlnews/667/20111224224657.htm.

③ 胡筱飞，杨国芳. 浅谈艺术体操绳操的基本技术［J］. 上海体育学院学报，1984（2）：62-64.

④ 安文靖."舞林"盛会热校园［EB/OL］. 新华网，2011-10-31.http://hn.cnr.cn/campus/ xyjzz/201110/t20111031_508705331.html.

7. 竹竿操

竹竿操是一种新颖的课间操形式，它是用竹子做器械的一种集体运动项目，已经有数百年历史。其动感的节奏、优美的舞姿以及极强的健身价值，使其为广大人民群众所喜爱[①]。竹竿操主要面向幼儿园、小学的学生，竹竿操的趣味性较强，但组织起来难度较大，适合以班为单位进行。

图 1-18　晴隆县第一小学学生跳竹竿操

贵州省黔西南依族苗族自治州晴隆县第一小学在第十八届校运会上，为了创新体育活动的内容和形式，扎实推进学校阳光体育活动的开展，模仿黎族群众性传统体育项目"竹竿舞"，首次推广"竹竿操"（如图 1-18 所示[②]）。

8. 棍操

棍操是以棍为器械进行运动的一种课间操。但由于棍危险系数较高，同学间打打闹闹很容易造成意外，所以很多学校并不敢采用。沈阳市大东区辽沈街第三小学却很好地解决了这一问题，他们的负责老师唐岩表示："学校现在让学生练双节棍既不会伤害学生自己，也不会助长孩子们的暴力倾向。我们现在用的双节棍都是泡沫做的，即使学生刚开始练不好但也不会把自己打伤。另外，在练双节棍之前我们也教导学生，练双节棍只是一种运动方式，不能防身，更不能打人。"（如图 1-19 所示[③]）

图 1-19　沈阳市大东区辽沈街第三小学棍操

---

① 骆冰，陈华，袁存柱. 黎族竹竿舞在海南高校开展的构想［J］. 海南大学学报（人文社会科学版），2010（1）：15-20.

② 千寻. 晴隆一小校运会首推"竹竿操"激发学生运动热情［EB/OL］. 兴义之窗，2014-11-21.http://www.xyzc.cn/article-2416-1.html.

③ 李海龙. 沈阳一小学课间操改练双节棍400人齐练武［N/OL］. 辽沈晚报-society.eastday.com 社会新闻，2006-10-25.http://sh.eastday.com/eastday/node79841/node79863/node168063/u1a2398604.html.

9. 呼啦圈操

呼啦圈操是一种很新颖的课间操形式，它是在音乐伴奏下利用呼啦圈这一器械进行的健身操。但是呼啦圈操动作较为简单，趣味性较低，很难激起同学们的参与热情，推广性较差。

10. 扇子操

扇子操是以扇子为道具，结合舞蹈动作元素，在节奏欢快的音乐伴奏下集体和个体练习或表演的一种课间

图 1-20   合肥光华学校小学部扇子操

操形式（如图 1-20 所示[①]）。扇子操融健身、健美、健心为一体，通过舞者对扇子的舞动与执扇造型，抒发内心的喜悦之情，极具感染力和审美价值[②]。扇子舞是对课间操形式的创新，扇子配合肢体动作进行练习，能够有效地发展学生的协调性，并且以扇子做道具能够引起学生的兴趣，且危险性极小。扇子操的优点在于操作简单，民族和特色元素浓厚，能展现中华民族自强不息的精神。加上扇子本身的娱乐性、地域性特点，相信能吸引越来越多人的目光，成为在学校体育教学中广泛推广的课间操项目。

11. 其他

舞龙、舞狮等，是一种中国传统民俗文化活动，每逢喜庆节日，人们都会舞龙、舞狮，以表达欢快之情。而将舞龙带进校园做课间操却是一个大胆的尝试。例如湖北省武汉市武昌解放桥小学，每次课间操，附近的部分居民就会到学校校门口围观——10多条舞龙队鱼贯而出，百余名孩子将

图 1-21   湖北省武汉市武昌解放桥小学"舞龙"课间操

---

① 合肥光华学校. 小学部举行扇子操比赛［EB/OL］. 合肥光华学校官网，2015-10-17. http://www.hfghxx.com/contents/24/2445.html.

② 郭立江. 扇子舞进入嘉兴地区高中女生体育课堂的可行性研究［D］. 长春：东北师范大学，2007：2.

龙灯舞得气势磅礴，普通的大课间操，在这所小学变成了"玩龙灯"（如图 1-21 所示）。

第二节　特色体能课间操的发展演变

课间操是学校体育活动的主要组成部分，是对中小学生进行体育素质教育的重要内容和手段，是体现学校精神文明建设的重要一环，在学校体育工作中占有重要的位置[①]。本书研究的特色体能课间是以体能锻炼为主要目的且具有特殊形式的新型课间操，其创编植根于课间操的发展历程。因此，本书将从我国课间操的起源和发展两个部分进行介绍，使学生们了解和掌握特色体能课间操的起源和发展历程[②]，了解现代课间操的发展趋势。

一、我国课间操的起源

根据史料记载，古代课间操主要来源于体操，而我国古代体操主要分为两大类：第一类属于强筋骨、防疾病的体操，其中较典型的是古代医学名著《内经》中的"导引养生术"，把身体活动和呼吸活动作为健身防疾病的方法。例如，长沙马王堆出土的一副西汉时期的帛画同《导引图》，描绘了不同性别和年龄的人做直臂、下蹲、收腹、弯腰、深呼吸等 40 多种动作；东汉末期，著名医学家华佗创编的"五禽戏"，模仿了虎、鹿、猿、熊、鸟的动作；北宋时期的"八段锦"，就类似现在的徒手体操。第二类属于我国古代的歌舞、戏剧、杂耍、武功等一系列的技术动作[③]，这些运动对当代课间操的起源有着极大的促进作用。

随着书院的兴起，诸如郊游、骑马等课间活动和课外活动也越来越受到夫子和学子们的喜爱，当时的书院明文规定课间进行体育锻炼。如万历三十四年（1606 年）常熟知县耿橘在《请修文游书院申》中记载"设射圃于书院之后，意者多士讲习之暇，即赴此习射，盖文武并进之术也"；康熙三十五年（1696 年），颜元主持漳南书院时，针对当时科举取士之弊端，强调"实学""实事""实行""实习"的学风，习读之余，颜元亲领诸生在步马射圃之中举石、击拳、超距（跳高、跳远、跨越障碍），开展

---

① 刘智丽.特色课间操［M］.成都：电子科技大学出版社，2013：前言.

② 注释：本部分特色体能课间操的发展演变，主要参考《大健康进校园：阳光体育课间操》（郁庆定，王惠敏，罗明凤，等.大健康进校园：阳光体育课间操［M］.北京：人民体育出版社，2017）一书。

③ 全国体育学院教材委员会审定.体操［M］.北京：人民体出版社，2007：8.

体能训练[①]。

二、我国课间操的发展

每一个时代的课间操都在进步与发展过程中演绎着不同的形式与内容，其主要是以时代的政治、经济、文化为基础，根据学生的体质健康需要而构建起来的。课间操的发展契合了当时社会的生存方式，对社会的生产、发展与进步起到积极的推动作用。

根据我国社会体育的发展历程，主要把课间操的发展脉络分为以下六个阶段：课间操萌芽阶段（1880—1949 年）、课间操创始阶段（1949—1957 年）、课间操马鞍形发展阶段（1958—1965 年）、课间操畸形发展阶段（1966—1976 年），课间操恢复、发展与初步改革阶段（1977—1991 年），以及课间操改革深化与发展阶段（1992 年至今）[②]。下面就这几个阶段进行具体阐述。

（一）课间操萌芽阶段（1880—1949 年）

1840 年到 1949 年间，中国历经了清王朝晚期、中华民国临时政府时期、北洋军阀时期和国民政府时期，鸦片战争、甲午中日战争、北伐战争、抗日战争等一系列频繁而大规模的战争使人们流离失所，生灵涂炭。

为应对列强的入侵，军事学堂创立，以强健士兵体魄的早操训练产生了。"光绪六年（1880 年）设于天津的水师学堂早晚进行'英式兵操'的训练。光绪七年五月十三日（1881 年 6 月 9 日）广东实学馆（西学馆）的功课规定：'学生至学业有成，将下船学习，前数月教以洋枪队伍步伐口号，每日早晚在场操演两次，均自六点钟至七点钟止，凡六月而毕。'1906 年，杰出的民主革命家秋瑾担任浙江绍兴'大通师范学堂'校长并兼体育教员后，每天清晨带领学生到城外的大操场进行长达三节课时间的军事项目的训练。此外，一些师范学堂也已有了晨间活动。如光绪三十一年（1905 年），湖南学堂的《学生生活通则》中，规定有晨间活动，以习徒手体操与武术为主要内容，由体操教习指导。"[③]

近代课间操最早产生于教会学校，由传教士组织。如 1884 年耶稣教美以美会在江苏镇江设立的女子学校的《校规》中规定："本校上课每日从 8 时开始，11 时

---

① 陈颖悟，熊百华，余万予，等．论建国前我国课间操的演变与发展［J］．江西师范大学学报（自然科学版），2004（5）：467-471.

② 卢元镇．社会体育学［M］．北京：高等教育出版社，2002：12.

③ 陈颖悟，熊百华，余万予，等．论建国前我国课间操的演变与发展［J］．江西师范大学学报（自然科学版），2004（5）：467-471.

半午食，午后上课从 1 时到 4 时结束，在休息时间中可使用已备好的器具各自进行游戏"；1885 年美国长老会在山东烟台开办的汇文书院，每日上午有一次课间活动，称为"放小学"，常作"抢球"游戏；清华建校（1911 年 2 月）伊始，就由美籍教师舒美科（Shoemaker）与布礼士（D.K.Brace）推行强迫运动，使体育活动（归功于"马约翰老师的指导"）得以普遍及平衡发展[①]。

民国四年（1915 年）《湖南教育杂志》第三期刊载的《参观周南女子师范及两等小学》一文中说："下课后由教员指示，做简便有益之游戏或散步公园，为两分间操。"民国五年（1916 年），浙江定县县署指令各学校开展课外活动，除规定每周两小时体育课外，每天早操、课间操约半小时，课外活动 30 分钟。民国六年（1917年），《湖南第一师范学校》规定：每天上午两节课后实行 10 分钟的课间操。同年秋，毛泽东（当时就读于该校）在为该校逝去的七个同学举行的追悼会上写了副挽联："为何死了七个同学，只因不习十分间操"[②]，说明当时该校已存在并施行了课间操。

1929 年教育部公布《教育宗旨实施方针八条》规定："各学校及社会教育，应一体注重发展国民之体育；中等学校及大学专门，须受相当之军事训练；发展体育之目的，固在增进民族之体力，尤须以锻炼强健之精神，养成规律之习惯为主要任务。"同年 8 月教育部颁布的《高级中学普通科体育暂行课程标准》首次规定了课间操的内容。此后陆续颁布的《课程标准》都对课间操做了详细的规定和说明[③]。

20 世纪 30 年代，《课程标准》对课间操的开展有了新的要求，如教育部于 1937年 10 月 28 日公布的《职业学校实施体育训练方法》规定："每日举行早操十五分钟"；1942 年 9 月公布的《师范学校体育课程标准》规定："早操或课间操每日十五至二十分钟""早操于每晨升旗时举行，全体学生作普遍一致之活动，教材以健身操为主，或参用跑步；冬季得改为课间操，于上午第二第三两课之间行之。"而且对队伍要求（反排）、教材内容、时间、着装等都做了明确的规定，并要求将操的动作名称及运动部位印发给学生。尤其值得一提的是教育部于 1937 年 1 月 6 日颁发《中等学校强迫课外运动施行办法》，规定下午 3 时以后举行课外活动，学生须全体参加，一律强迫，每生每日至少有二小时以上之活动。早操或课间操于晨间或上午

①　陈颖悟，熊百华，余万予，等.论建国前我国课间操的演变与发展［J］.江西师范大学学报（自然科学版），2004（5）：467-471.

②　周世钊.毛主席锻炼身体的故事［J］.新体育，1958（6）：2-7.

③　陈颖悟，熊百华，余万予，等.论建国前我国课间操的演变与发展［J］.江西师范大学学报（自然科学版），2004（5）：467-471.

课间举行，以 15 分钟为度；在冬季严寒或日短及雨季之时，早操得改为课间操。《办法》中还规定"各校编排课程表时，每日下午 3 时以后，不得授课。"①

1949 年 6 月，华北小学教育会议在北平召开，此次会议着重研究小学教育改革问题。会上讨论和拟订了《小学教育暂行实施办法》和《小学教师暂行服务规程》，并立即颁布执行，《办法》最后说明栏中就强调"每日应集体进行 15-20 分钟的晨操或课间操及集体游戏。"②

（二）课间操创始阶段（1949—1957 年）

新中国成立初期，不仅经济水平落后，还面临西方国家的封锁和压力。为了改变他国眼中"东亚病夫"的形象，提高国民体质，重整国家士气；同时也为了社会主义和国防建设，发展学校体育得到了党和政府的高度重视。这时，广播体操作为一项不需要器械，只要有足够的空间就可以开展，即能强身健体，又可以听音乐来愉悦身心的体育活动，成了课间操的新形式。

1950 年抗美援朝战争爆发，许多应征入伍的爱国人士因体质不达标而被拒之门外，这一现象引起了国家领导人的高度重视。随即在同年年底，派遣中华全国体育总会筹委会秘书杨烈，动身前往苏联学习相关经验。回国后"建议创编一套全民健身操，以此鼓舞人民群众参加体育运动，以提高全民族的身体素质"，这一建议最终得到了批准。1951 年 11 月 24 日，国家体委公布了第一套成人广播体操，它的出台推动了我国群众体育的广泛开展。1951 年 11 月 25 日，《人民日报》发表"推广广播体操，大家都来做广播体操"的社论③，1951 年 11 月 27 日，中华体育总会、教育部和卫生部等 9 个单位发出《关于推行广播体操活动的联合通知》，指出广播操是"最基本、最简单、最易于普及的群众体育活动"④，要求每天上午 10 点，全国人民群众都在同一时刻做着同一动作，场面十分壮观。在当时，广播体操为了全国几乎每个人都已掌握的体育锻炼方法⑤。

1954 年 3 月 1 日，中央人民政府发出《关于在政府机关中开展工间操和其他体育运动的通知》，规定政府机关工作人员在每天上午和下午的工作时间中，各抽出

---

① 陈颖悟，熊百华，余万予，等. 论建国前我国课间操的演变与发展［J］. 江西师范大学学报（自然科学版），2004（5）：467-471.

② 苏肖晴. 新民主主义体育史［M］. 福建：福建教育出版社，1999：117.

③ 推广广播体操，大家都来做广播体操［N］. 人民日报，1951-11-25.

④ 中华体育总会，教育部，卫生部，等. 关于推行广播体操活动的联合通知［R］. 1951-11-27.

⑤ 田雨普. 农民体育发展战略研究［M］. 南京：南京师范大学出版社，2009：43.

10 分钟做工间操，并提倡早操和球类等多种多样的体育运动①。1954 年、1955 年又先后公布了第一套少年和儿童广播体操②。1957 年 10 月，为了进一步提高学生做操的兴趣，增强实效性，达到锻炼的目的，国家体委、教育部等单位公布和推行了第三套广播体操（成人、少年、儿童各一套），社会上迅速掀起了学习、推广第三套广播体操的高潮。与此同时，基层体育活动非常活跃，各种体育比赛频繁，观众踊跃，气氛热烈。在竞赛中也发现了一些有培养条件的优秀运动员后备力量③。

（三）课间操马鞍形发展阶段（1958—1965 年）

新中国体育在发展之初不可避免地受到复杂多变的国内外形势的影响，发展过程历经波折。由于一些国际体育组织内少数势力持顽固的反华立场，我国于 1958 年被迫中断了与国际奥委会等国际体育组织的联系④。同时受到"左"倾思想和大跃进的影响，形式主义与浮夸风波及体育界，课间操的开展形式也随之发生改变，逐步向以广播体操为主、课间体育活动为辅的形式转变。

1959 年举办了第一届全运会，在此前后，党中央先后作了三次批示，指出要把体育运动的提高和普及密切结合起来。1960 年，毛泽东同志又号召全国人民："凡能做到的，都要提倡，做体操、打球类、跑跑步、爬爬山、游水、打太极拳及各种各色的体育活动。"⑤ 这时的课间操形式又转变为各种项目的体育活动。

三年自然灾害时期，体育工作根据党中央关于"调整、巩固、充实、提高"的方针，本着从实际出发的原则，适当地收缩了社会体育的规模。体育活动很快又陷入了一个低潮期，大多数群众停止了锻炼，不少体协悄然消失，劳动与卫国体育制度被迫中断，社会体育几乎陷入了停顿状态⑥。这时的课间操形式同其他体育项目一样，停滞不前。

直到 1963 年，国民经济形式慢慢开始好转，一些简单易行、群众喜好的项目迅速发展。武术等传统体育和少数民族体育，通过相关部门的挖掘、整理，大放光彩。同年 4 月，原国家体委会同教育部等 11 部委发出《关于做好推行第四套广播体操工

---

① 龚正伟.中国体育改革伦理理路与实践：我们需要什么样的体育［M］.长沙：湖南师范大学出版社，2011：34.

② 黄燊.体操［M］.北京：高等教育出版社，2000：15.

③ 孙耀，刘琪，杨鸣.大众健身行为的理论研究［M］.北京：中国商业出版社，2008：70.

④ 苟仲文.新中国体育 70 年［N］.中国体育报，2019-09-24.

⑤ 孙耀，刘琪，杨鸣.大众健身行为的理论研究［M］.北京：中国商业出版社，2008：70.

⑥ 徐晓燕.社会体育学［M］.杭州：浙江大学出版社，2013：10.

作的联合通知》，先后公布了第四套广播体操（共 3 套）。广播体操的更新，有力地促进了群众体育活动的开展，对增强学生体质起到了重要的作用。

1964 年 8 月，国务院转批了教育部、卫生部、国家体委《关于中、小学学生健康状况和改进学校体育、卫生工作的报告》，要求学校体育应面向广大学生，首先是上好每周两节课（两课），同时坚持做早操和课间操（两操），安排好每周两次课外体育活动（两活动），然后在广泛开展群众性体育活动的基础上，可适当组织学生的运动竞赛，使学生体育锻炼时间得到了必要的保障[①]。

1966 年 1 月，教育部进一步指出："体育，要坚持每天的早操或课间操，保证每周的两节体育课和两次课外体育活动。"从此，学校体育形成了"两课、两操、两活动"的新格局。

（四）课间操畸形发展阶段（1966—1976 年）

在十年动荡时期，体育课被军体课所取代，以开展军事训练为主，很多学校直接用劳动代替军体课，加上体育场地和器材损坏严重，几乎所有的课外活动都被取消了。但在"文化大革命"初期，课间操出现了新形势——"忠字舞"。

"忠字舞"是一项不加掩饰的强制性活动，可能在开展初期还存在着新鲜感，但这种新鲜感随着不断枯燥地重复和不得不跳的强制命令而消失殆尽。随后在老一辈无产阶级革命家和体育战线广大干部、群众的努力下，群众性体育才在生活条件和体育基础相对较好的地区有所恢复。1970 年 9 月，在党的九届二中全会召开以后，学校体育、群众体育有了一定的恢复和发展，特别是广播体操活动的开展。1973 年 6 月，原国家体委、国务院科教组还公布了《第五套儿童广播体操》，并发出通知，要求在全国小学中推行（这套广播体操根据儿童年龄差别，分成两组：7-8 岁和 9-12 岁的儿童各有一套）[②]。

1977 年 3 月的《新体育》曾报道，吉林省延边朝鲜族自治州南坪小学的学生们在课间操活动时进行多种活动内容；1978 年 4 月 14 日，教育部、国家体委、卫生部联合印发了《关于加强学校体育、卫生工作的通知》，明确指出要迅速恢复被破坏了的学校体育、卫生规章制度，中、小学要认真做好早操、课间操和眼保健操，每天平均保证一小时有组织、有领导、有计划的体育锻炼（包括体育课、早操、课间操和课外体育活动）。

---

① 龚飞，梁柱平 . 中国体育史简编［M］. 成都：西南交通大学出版社，2010：155.
② 原国家体委，国务院科教组 . 第五套儿童体操图解［N］. 解放日报，1973-06-2.

此阶段后期，广播体操等一系列体育活动随着群众体育的推广和发展，随之重现在我们的日常生活中，成为我国课间操的发展雏形，对课间操的整体发展方向起到一定的指导作用。

（五）课间操恢复、发展与初步改革阶段（1977—1991 年）

1978 年，中共中央召开了第十一届三中全会，经过拨乱反正，在政治上，进行了改革开放的决策；在经济上，全国农村开始逐步实行"家庭联产承包制"；在外交方面，以和平共处五项原则为基础理论，实行对外开放，同其他国家发展友好关系。这一系列的措施标志着我国进入改革开放时期。自此，我国经济快速增长、社会思想大解放。随着人们对体育产生了内在需求，传统的广播体操形式已远远满足不了学生们的需要，课间操的形式开始出现改变，越来越多的当代时尚元素加入广播体操，如健美操、韵律操、艺术体操等，形成了特色课间操。

教育部、国家体委、卫生部在 1978 年 4 月 14 日联合印发了《关于加强学校体育、卫生工作的通知》，明确指出要迅速恢复被破坏了的学校体育、卫生规章制度，中、小学要认真做好早操、课间操、眼保健操和群众课外体育活动等形式的体育锻炼。

1979 年，扬州召开的全国学校体育卫生工作会议提出学校课外体育活动实行"两操"（早操与课间操）的要求。原南京化学公司职工子女第一中学自 1979 年 9 月开始，在操场上交替做广播操和自编的身体素质操、艺术体操等[1]。

1981 年 8 月 18 日，国家体委、教育部等 13 个单位积极推行第六套广播体操，动作新颖舒展，并配制了民族风格的乐曲，以增添人们做操的兴趣。另外，全国有许多地区和学校在做好广播体操的同时，尝试进行改革，把健美操、健力操、韵律操、素质操等引进课间操，使课间操的内容更加丰富，增强体质的效果更加显著[2]。

1982 年 6 月 12 日，教育部再次发出《关于保证中、小学生每天有一小时体育活动的通知》，要求学校"每天坚持眼保健操和课间操（或早操）；每周上好两节体育课；凡没有体育课的当天，都要安排一次课外体育活动"，此外，要保证学生课间十分钟到室外休息或活动。各级教育部门应经常检查、督促、通报这项要求的贯彻执行情况，不断提高学校体育工作的质量和学生的健康水平。

1991 年 9 月 13 日至 16 日，全国农村学校体育工作座谈会暨优秀体育教师表彰

---

[1] 周育林.南京化工子弟第一中学实行体育改革的调查报告[J].江苏体育科技，1982（3）：27.

[2] 李晋裕.学校体育史[M].海口：海南出版社，2000：140.

会在山西省临汾召开，会议期间，代表们观摩了临汾地区农村中小学的 29 节体育课，19 所学校的课间操，16 所学校的课外体育活动，4 所学校的素质训练课，3 所学校的队列课；听取了山西省教委、临汾地区行署、临汾市人民政府有关同志对近年来开展农村学校体育工作的情况汇报[1]。

（六）课间操改革深化与创新阶段（1992 年至今）

与我国经济的快速发展形成反差的是青少年体质不断下降。少年强则中国强，青少年体质的下降已成为当下亟待解决的问题。为了吸引青少年进行体育锻炼，在原有特色课间操的基础上，发展更符合当前社会实际的新式课间操变得极为迫切。

1995 年，随着《全民健身计划纲要》的出台，健身健心的课间操成了全面健身的主要内容之一[2]。1998 年，党和国家为了切实贯彻《学校体育工作条例》的相关内容，进一步推进教育改革，继承和发展广播操的成果，同年 5 月根据不同年级不同年龄学生的需要，组织创编了第一套广播体操并进行了全国推广。

教育部于 2002 年组织创编了第二套全国中小学生（幼儿）系列广播体操，并于 2002 年 9 月开始在全国中小学和幼儿园实施。本套操共有五套：《世界真美好》（幼儿）、《雏鹰起飞》（小学）、《初升的太阳》（小学）、《青春的活力》（中学）、《时代在召唤》（中学），并于 2002 年规定，今后每五年公布并推广一套中小学新操。

2007 年，中央颁发了《中共中央国务院关于加强青少年体育增强青少年体质的意见》[3]（中发〔2007〕7 号），提出广泛开展"全国亿万学生阳光体育运动"以确保学生每天锻炼一小时，在全国掀起了阳光体育的热潮。另外，为了贯彻中央七号文件的精神，丰富学校大课间体育的形式和内容，为广大青少年学生提供科学的锻炼手段，增强广大青少年学生体质健康，2008 年 9 月我国推出了《第三套全国中小学生系列广播体操》。

近几年，体育项目开始融入大课间活动，如毽球、轮滑、舞龙、爵士舞、排舞、街舞等，充分调动了学生的积极性[4]。为认真贯彻国务院办公厅《关于强化学校体育促进学生身心健康全面发展的意见（国办发〔2016〕27 号）》，创建"一校一品""一

---

① 李晋裕 . 学校体育史［M］. 海口：海南出版社，2000：173.

② 童昭岗 . 体操［M］. 北京：高等教育出版社，2010：10.

③ 中共中央 国务院 . 关于加强青少年体育增强青少年体质的意见（中发〔2007〕7 号）［R］.2007-05-07.

④ 汪莹 . 建国后中小学课间操形制演变研究［D］. 株洲：湖南工业大学，2018.

校多品"的学校体育特色[①]，不同地区、不同学校逐渐开始根据自己的特色与相关体育项目融合，创编了丰富多彩、充满活力的课间操。

2011 年 8 月 8 日推出的第九套广播体操以"科学简便、普及实用、因地制宜、健身趣味"为原则，在保持传统广播体操特点的同时，引入了武术、踢毽、游泳、保龄球及现代舞等时尚运动的基本动作，对锻炼者产生中等强度的运动刺激，对提高机体各关节的灵敏性，增强大肌肉群力量，促进循环系统、呼吸系统和精神传导系统功能改善均具有积极的作用。2012 年 7 月，卢湾区淮海中路小学创编了一套绳操，以跳绳为主要器械，配合传统课间操的基本步法进行身体锻炼。2019 年 3 月，甘肃天水罗玉中学小学部的课间操跳的是街舞，这套动作是由音乐老师和体育老师结合街舞及健美操的元素创编出来的，学生们跳的时候动感十足，锻炼效果得到很大提高。

从融合的效果来看，在各地更受欢迎的还属体育项目与民族传统文化、地域性文化相融合的课间操。如 2020 年 10 月一段甘肃酒泉学生课间操跳敦煌舞的视频在网上走红，这套课间操是根据敦煌壁画二次创作的，从网上视频来看，学生动作娴熟，抬臂屈腿，体姿、动作，乃至安宁的神情、微笑的脸庞，都和敦煌壁画上的飞天有几分相似，体现出浓郁的民族特色和地域特征[②]（见图 1-22）。随后这种形式的课间操不断增多，

图 1-22　甘肃酒泉学生课间操跳敦煌舞

图 1-23　蒙古族中学生跳校园广播操蒙古舞《土尔扈特之韵》

①　国务院.国务院办公厅关于强化学校体育促进学生身心健康全面发展的意见（国办发〔2016〕27 号）[R].2016-05-08.

②　胡一峰.课间操跳"飞天"，跳出美育新维度[N].科技日报，2020-10-30（008）.

如蒙古族中学生跳起了校园广播操蒙古舞《土尔扈特之韵》（见图1-23）；黑龙江望奎先锋镇中心小学课间操扭秧歌；甘肃张掖花寨乡中心学校课间打起了腰鼓；四川成都温江区光华实验中学推出川剧版课间操；贵州江口中学将传统民族舞改成课间操，3000学生齐跳《金钱杆》等。

另外，随着网络时代的快速发展，抖音、快手、微视等短视频APP流行于各年龄层人群中，一种以网红歌曲、视频为素材的花样课间操也被一些学校推广开来。如2012年，重庆南开中学课间操跳《江南style》，嗨翻全场的课间操以及学生们高涨的热情，给全国网友留下了十分深刻的印象；2018年，山西临猗县临晋镇西关小学校长张鹏飞把"鬼步舞"引进校园并带头跳，让整个校园充满着"魔性"，也让课间操变得分外有吸引力[①]；2020年，湖南娄底三中的"花式"课间操伴随着歌曲《你笑起来真好看》火爆网络，动感的舞姿，青春的歌曲，让体育锻炼变得趣味盎然[②]。

在课间操的发展历程中，我们可以明显感受到课间操的形式逐渐多样化，内容也越来越丰富。并且为了适应各年龄阶段的体能变化，激发各年级学生们的锻炼兴趣，达到所需的锻炼效果，课间操逐步向特色体能课间操发展。课间操活动能够在我国发展起来，其原因是多方面的。一是国家政策的支持；二是大众逐渐认识到体育运动对身体健康的重要性；三是课间操的形式多样化，内容越来越丰富，适合各年龄阶段，为大众所接受。

三、课间操的发展趋势

由以上分析可知，自广播体操产生以来，我国校园对于课间操运动一直保留着热情，从而促进了课间操运动的发展。根据目前我国校园课间操运动的开展情况与成效，本书认为课间操的未来发展趋势有以下几点。

（一）课间操的种类和练习形式将更加多样化

近年来，随着健身运动的不断发展，知识水平和科学健身的程度不断提高，人们对健身的认识得到进一步加深，对健身的需求也更加多样化和个性化，因此出现了许多全新的健身形式。如近年来兴起的利用移动器械如健身球、橡皮带、轻型杠铃等进行的力量练习或者在特殊场地进行的固定器械的有氧练习等，以及一些正在

---

① 仝宗莉，尹深．校长领跳"鬼步舞"课间欢乐就应这样［EB/OL］．人民网，2020-10-26.http：//opinion.people.com.cn/n1/2020/1026/c1003-31905364.html.

② 许心怡，崔元苑．"花式"课间操走俏给学校体育带来哪些思考［EB/OL］．人民健康网，2020-10-20.http：//health.people.com.cn/n1/2020/1020/c14739-31898504.html.

流行的特殊风格的课间操，这些新的健身形式使课间操的内容更加丰富，适合的人群更加广泛，健身的效果更好，同时降低了损伤的可能性[①]。随着课间操内容和形式不断丰富，课间操运动也变得更加趣味化、多样化、科学化。

（二）课间操的创编将不断创新

在这个社会各界都追求创新的时代，不少融入体育项目、民族文化、地域特色、网络流行舞曲等的创新课间操风行校园，广受欢迎，在切实提高学生体质的同时，激活了传统课间操的生命力，形成了"一校一品"的特色体育文化。"在坚持德智体美劳'五育'并举的当下，科学地组织'花式'课间操或更多更新颖的大课间活动尤为重要。尤其是在深化体育课程一体化改革的进程中，创建新颖模式、提升活动质量已成为促进青少年身心发展的关键。"[②] 最近，中共中央办公厅，国务院办公厅印发《关于全面加强和改进新时代学校体育工作的意见》，提出要"改革创新，面向未来。立足时代需求，更新教育理念，深化教学改革，使学校体育同教育事业的改革发展要求相适应，同广大学生对优质丰富体育资源的期盼相契合，同构建德智体美劳全面培养的教育体系相匹配。"[③] 由此可见，要提高课间操成效，相关创编者要有综合育人的观念、创新的思维、开拓进取的精神，打破传统课间操的单一模式，结合时代发展潮流及学校和地域特色对课间操进行创新。

（三）课间操练习的科学化程度将不断提高

国家经济的发展、信息技术的提高，使我们获取外界信息的途径更加便捷，国际之间的交流更加简便，这对课间操的完善与改进有着促进作用。随着科学技术的不断提高，医疗水平与体育科学水平的不断上升，课间操运动将会依照人体的科学运动需要而逐步完善。只有不断提高科学化程度，满足人们对科学健身的需要，课间操才能更好地发展。目前我国课间操相关学者正在不断探索和发掘课间操科学化的方法和途径，以期课间操能更好地发展。

（四）课间操的市场前景更加广阔

随着知识经济时代的到来和人民生活水平的提高，生产和生活方式发生了巨大

---

① 马鸿韬. 健美操运动教程［M］. 北京：北京体育大学出版社，2008：11.

② 于素梅."花式"课间操走俏给学校体育带来哪些思考［EB/OL］. 人民健康网，2020–10–20. http：//health.people.com.cn/n1/2020/1020/c14739-31898504.html.

③ 中共中央办公厅，国务院办公厅.《关于全面加强和改进新时代学校体育工作的意见》和《关于全面加强和改进新时代学校美育工作的意见》［EB/OL］. 中国教育部，2020–10–15. http：//www.moe.gov.cn/jyb_xxgk/moe_1777/moe_1778/202010/t20201015_494794.html.

变化，其特点是体力活动减少、脑力劳动增加、工作和生活压力加大。这种情况引发了各种"文明病""都市病"的流行与蔓延，也使人们意识到健康的重要性，对健身的需求日趋强烈，使体育逐渐成为满足人们肢体运动、心理调节和情感依赖的主要手段①。课间操作为体育运动的组成部分，以其独特的魅力吸引着人们，市场前景将更加广阔。

第三节　特色体能课间操的现实价值

一、特色体能课间操的背景

（一）学生身心健康需要特殊

青少年作为我国未来发展的接班人，肩负着重大的历史责任，其健康成长对新时代社会主义的建设有着不可估量的影响。对于这种重要性责任的表达，梁启超先生曾在《少年中国说》中写道："故今日之责任不在他人而全在我少年，少年智则国智，少年强则国强，少年进步则国进步。"②

学生作为祖国未来建设的栋梁，各方面都深深地影响着我国未来的发展，因此，学生身心健康发展历来都受到国家领导人的高度重视，并提出过许多指导性的意见。毛泽东同志对学生体质健康问题提出"健康第一、学习第二"③的观点；周恩来同志提出"学生每周两节体育课不行，应天天有一小时体育锻炼"④……习近平同志提出，"既把学习搞得好好的，又把身体搞得棒棒的"；等等。大课间作为学生在校除体育课以外的锻炼时间，其实施方式对学生的身心健康发展有着重要的影响。自1951年我国推出第一套广播体操（成人、少年、儿童各一套）以来，课间操的形式和内容都随时代变化进行着相应的调整。尤其是2007年后，为贯彻实施《加强青少年体育增强青少年体质的意见》⑤的方针，大课间的锻炼形式和理念更发生了巨大的变化，

① 肖光来 . 健美操［M］. 北京：人民体育出版社，2008：18.
② 梁启超 . 饮冰室合集文集［M］. 北京：中华书局，1989：67.
③ 李永贤 . 毛泽东的学生"减负"观：健康第一、学习第二［N］. 中国教育报，2004-01-18.
④ 姚品荣，刘步嵩 . 着眼一代人，确保"一小时"［J］. 上海体育学院学报，1983（2）：70-73.
⑤ 中共中央 国务院 . 关于加强青少年体育增强青少年体质的意见（中发〔2007〕7号）［R］.2007-05-07.

打破了以往"做操"的概念，大课间开始引入各种锻炼方式和手段，例如各种球类、简单器械等等，从而确保学生高质量完成每天锻炼一小时的目标。

就全国国民体质监测结果来看，2014年第四次报告指出，与2010年相比，7至18岁学生中，除少数组别外，多数组别的学生速度、柔韧、力量、耐力等身体素质指标呈现出稳中向好趋势。因为2019年第五次国民体质监测调查结果尚未通报，具体的数据还无法得知，但是通过各种体育新闻和专家、体育教师的实际发声以及学生体育锻炼中各种突发事故的发生，我们还是可以看到近些年学生的身体素质下降是一个不争的事实，因此，每天进行一定量的体能训练就变得极为必要。

一方面，特色体能课间操能锻炼学生身体的各个部位，促进身体素质的全面发展，尤其是中小学生正处于身体发育阶段，适当的体能锻炼能增强肌肉的力量，提升柔韧、协调、灵敏等基本身体素质，为日后良好身体素质的形成打下坚实基础。另一方面，大脑皮层细胞具有兴奋和抑制作用，当我们长期处于学习环境中时，大脑皮层学习细胞的兴奋性就会逐步降低，随之细胞慢慢产生保护性抑制，导致接受刺激的信号变弱，此时学习效果就会逐步降低。而适时进行课间操锻炼能有效地避免这种情况，课间操的锻炼能使运动中枢神经细胞兴奋，使负责学习的大脑皮层细胞得到休息，从而促使再次学习时学习效率提升；同时，还能缓解学生疲倦的生理状态，起到一举两得的效果。

（二）课间体育活动

课间体育活动作为学校体育的重要组成部分，是除体育课外学生在校锻炼的主要形式。但通过走访调查和相关文献的整理发现，目前大部分中小学的课间体育活动都还是采取广播体操的形式来进行的，很少有学校采取自编球类舞、自编健身舞的形式来开展。这表明课间体育活动的实施距离2007年教育部提出的"大力推行大课间体育活动形式，以保证学生平均每个学习日有一小时体育锻炼时间"[①]的目标还有较大的差距，同时也表明课间体育活动还有着巨大的发展、推广空间。

大力推行大课间体育活动形式的要求，为大课间体育活动的开展提供了强有力的政策支持，大课间的时间长度和时间节点也为其安排丰富的锻炼手段提供了可行性支撑。大课间的时间节点为上午第二节课和第三节课之间，时间长度一般为30分

---

① 教育部，国家体育总局，共青团中央.教育部　国家体育总局　共青团中央关于开展全国亿万学生阳光体育运动的决定（教体艺〔2006〕6号）[EB/OL].中华人民共和国教育部，2006-12-20.http://old.moe.gov.cn//publicfiles/business/htmlfiles/moe/moe_2530/201001/xxgk_80870.html.

钟；有些学校在下午放学后同样会组织 20 分钟的课外活动，这样的时间长度足够安排丰富的锻炼项目。如何完美利用好这些时间，真正地做到每天锻炼一小时的目标，锻炼项目、锻炼内容、锻炼负荷的安排就显得尤为重要。

体能训练自 20 世纪 90 年代末引入我国后，其发展理念日趋成熟，训练的方式方法和手段也日趋完善，越来越受到大众的认可和支持。随着体能训练的进一步完善，它与各种球类和简易器械的结合也日益密切，这为体能操的编排提供了可行性。借助各种球类和简易器械来进行体能操的编排，不仅可以锻炼到学生的身体素质，还可以培养他们对球类和器械的熟悉感，更能在体能锻炼的环境中培养他们团结、坚持、合作的精神。

课间体育活动作为学生每天在校锻炼的宝贵时间，其练习质量对学生身体素质的发展和提升起着重要作用。而特色体能操活动完全可以满足这种锻炼需求，体能训练最突出的感受就是"累"，这种"累"是合理的，是正确的"累"，是能满足每天锻炼一小时目标的"累"。另外，特色体能课间操也可以真正地完善丰富大课间体育活动形式。

（三）学校体育发展

学校体育作为教育事业的重要组成部分，作为培养人全面发展的"五育"之一，作为关系到青少年身心健康的重要工作[①]，无论是在国家政策方面还是在体育学研究方面都受到了高度重视。

在国家政策方面，各个时期都颁布了相应的指导文件，尤其是改革开放后各种政策性文件的颁布，为学校体育的发展指明了正确的道路。1978 年，教育部、国家体委、卫生部、共青团中央联合召开了"全国学校体育、卫生工作经验交流会议"（简称"扬州会议"），该会议是新中国成立以来规模最大的一次学校体育工作会议[②]。进入 21 世纪后，各种政策的颁布更加频繁，2006 年 12 月 20 日，教育部、国家体育总局、共青团中央发出《关于开展全国亿万学生阳光体育运动的通知》（教体艺〔2006〕6号），决定从 2007 年开始，结合《学生体质健康标准》的全面实施，在全国各级各类学校中广泛、深入地开展全国亿万学生阳光体育运动（简称"阳光体育运动"）[①]。

[①] 毛振明.新中国 70 年学校体育成就与新时代的发展方向[J].天津体育学院学报.2019(6)：461–465.

[②] 改革开放三十年来的我国学校体育工作成就［EB/OL］.2019-01-04.http：//old.moe.gov.cn/publicfiles/business/htmlfiles/moe/moe_2572/200901/42514.html.

随后，在 23 日召开了全国学校体育工作会议并下发了《关于进一步加强学校体育工作，提高学生健康水平的意见》，并启动了全国亿万学生阳光体育运动[①]。2007 年5 月 7 日，中共中央国务院下发了《中共中央　国务院关于加强青少年体育增强青少年体质的意见》（中发〔2007〕7 号）[②]，该文件是新中国成立以来学校体育方面规格最高的一个文件。2012 年 10 月 22 日，国务院办公厅以国办发〔2012〕53 号印发教育部等部门《关于进一步加强学校体育工作的若干意见》，该意见第一点就提出要充分认识加强学校体育的重要性[③]。2016 年 4 月 21 日，国务院办公厅印发的《关于强化学校体育促进学生身心健康全面发展的意见》中提出"让学生熟练掌握一至两项运动技能"，逐步形成"一校一品""一校多品"的体育教学模式[④]。特色的形成需要时间的积累，而大课间的时间可以更好地利用。2019 年 6 月 23 日，《中共中央　国务院关于深化教育教学改革全面提高义务教育质量的意见》指出：健康体魄是青少年为祖国和人民服务的基本前提，是中华民族旺盛生命力的体现；学校教育要树立健康第一的指导思想，切实加强体育工作，使学生掌握基本的运动技能，养成坚持锻炼身体的良好习惯，确保学生体育课程和课外体育活动时间，不准挤占体育活动时间和场所[⑤]。2020 年 4 月 27 日，中央全面深化改革委员会第十三次会议审议通过《关于深化体教融合促进青少年健康发展的意见》，意见指出，深化体教融合促进青少年健康发展，要树立健康第一的教育理念，推动青少年文化学习和体育锻炼协调发展，加强学校体育工作，培养德智体美劳全面发展的社会主义建设者和接班人[⑥]。

在体育学研究方面，截至 2019 年，国家社会科学基金研究项目立项上，学校

---

① 中国教育年鉴 2007［EB/OL］.2008-11-07.http：//www.moe.gov.cn/jyb_sjzl/moe_364/moe_2516/tnull_40910.html.

② 中共中央　国务院.关于加强青少年体育增强青少年体质的意见（中发〔2007〕7 号）［R］.2007-05-07.

③ 国务院办公厅.国务院办公厅转发教育部等部门关于进一步加强学校体育工作若干意见的通知（国办发〔2012〕53 号）［EB/OL］.中华人民共和国中央人民政府，2012-10-22.http：//www.gov.cn/zwgk/2012-10/29/content_2252887.htm.

④ 国务院.国务院办公厅关于强化学校体育促进学生身心健康全面发展的意见（国办发〔2016〕27 号）［R］.2016-05-08.

⑤ 中共中央国务院.中共中央　国务院关于深化教育教学改革全面提高义务教育质量的意见［M］.北京，人民出版社，2019.

⑥ 中央全面深化改革委员会.关于深化体教融合促进青少年健康发展的意［EB/OL］.2020-04-27.http：//www.gov.cn/xinwen/2020-04-27/content_5506777.htm.

体育相关立项已达 60 余项 [①]，各省市的学校体育研究更是数不胜数，但以学校体育课间操立项的课题却寥寥无几。尤其是面对青少年体质持续下滑的严峻现实，在全社会都深切认识到加强学校体育工作的重要性和紧迫性的情况下，对课间操的研究就显得尤为重要。因为课间操是除体育课以外，学生在校锻炼的唯一方式，作为唯一的突破口，其蕴含的内容能够促使学校体育活动发展更加丰富多彩，且对学生体质提升起到巨大促进作用，从而形成良好循环效果。

随着政策的颁布和研究的深入，大课间的研究也会逐步迎来黄金发展期，学校体育向前发展的需求会促使大课间的研究在学校体育里占比越来越高，健康第一的教育思想和理念也会越来越深入人心。

（四）校园文化活力

校园文化是指在长期办学中全体师生员工培育形成并共同遵守的最高目标、价值标准、基本信念和行为规范，"是学校内有关教学及其他一切活动的价值观念以及行为形态，是学校物质文明和精神文明的总的体现" [②]，具有显性和隐性之分。显性文化包括各种建筑、设施、标志、制度、环境和管理行为等；隐性文化包括各种校风、教风、学风等。显性文化和隐性文化共同构成了学校完整的校园文化体系。优良的校园文化可以陶冶学生的情操、启迪学生心智，促进学生全面发展。

校园文化活力则是以学生为主体，以各种课外文体活动为主要内容的一种隐形文化，这种文化活力是一种无形的精神影响，它可以潜移默化地影响学生行为，并使学校全体成员的思想和行为逐渐融入其中，形成校园文化的"小气候"，从而在社会上树立起学校的文化形象。

同样，体育文化作为校园文化的重要组成部分，反映了一个学校的校园文化。校园体育文化包括特色体育课、体育代表队、体育课间文化等多种体育成分。比如，当我们提到高中篮球时，就能想到清华附中、北京四中；提到健美操时，就能想到一〇一中学等这些具有代表性的中小学，当然这些校园文化的养成都需要时间和经费的支撑。而国内一部分中小学的实际情况却无法支持这种代表队的产生。那我们怎么办呢？我们就可以从别的方面入手，比如特色体育课、课间操文化。而课间操的可拓展性较大，所以能更好地培养出自身校园文化活力。一种优美、现代、与时

① 王华倬，高飞.新中国70年学校体育学发展回顾与展望［J］.北京体育大学学报，2019（11）：35–42.

② 顾明远.教育大辞典［M］.上海：上海教育出版社，1998：187.

俱进的课间操文化，同样可以吸引学生来生活学习，从而提升校园软实力，丰富校园文化。

体能训练具有训练动作类型多、简单易行、动作模式不固定的多种优点，这使体能大课间操的设计有着更广阔的空间。尤其是可以结合当地特色体育文化进行相应的调整，这就更能起到提升当地校园文化的作用，进而形成百家争鸣的特色课间操文化，使课间操变得丰富多彩，进而形成自身的校园体育文化活力。

二、特色体能课间操的价值

作为学生每天在校锻炼的宝贵时间，高质量的课间操活动对学生身体素质以及心理的发展和提升起着重要的促进作用。通过课间操既能达到锻炼身体、增强体质的目的，又能放松大脑，劳逸结合[①]；同时，在促进人格培养、精神激励方面也具有积极作用。但随着现代化社会的不断发展，学生的需求也相应地发生了极大的变化。为此，必须以新的教育理念和体育思想贯彻到实践中，有效、充分地开发大课间操体育活动所具有的多元化教育功能，开展富有特色、学生们喜闻乐见的课间操。

（一）发展学生身心素质

1．"野蛮"学生体魄

我国青少年体质多年持续下降，已经发展成为一个社会问题[②]。习近平强调，少年强则国强。当代中国少年儿童既是实现第一个百年奋斗目标的经历者、见证者，更是实现第二个百年奋斗目标、建设社会主义现代化强国的主力军。希望广大少年儿童刻苦学习知识，坚定理想信念，磨炼坚强意志，锻炼强健体魄，为实现中华民族伟大复兴的中国梦时刻准备着[③]。国家为吸引学生积极参与体育锻炼、养成良好生活习惯，推出了一系列政策与措施，在此背景下，大课间操便应运而生。

从身体素质方面看，学生经常锻炼可以强身健体，提高身体素质，提高身体的灵活性、协调性和平衡性，能使身体更加敏捷、更加灵活多变，同时有利于提高神经的兴奋性。从身体机能方面看，可以增强心肺功能、改善血液循环、促进新陈代谢等。除此之外，对人体的消化系统和分泌系统也有良好的保护和促进作用。根据

---

① 王涛．如何提高学校课间操质量［J］.甘肃教育，2019（16）：31.

② 刘冬笑，王越，李国．我国青少年体质下降与兵源建设窘境［J］.体育学刊，2020（2）：69-72.

③ 习近平寄语广大少年儿童强调　刻苦学习知识坚定理想信念磨练坚强意志锻炼强健体魄为实现中华民族伟大复兴的中国梦时刻准备着　向全国各族少年儿童致以节日的祝贺［J］.中国火炬，2020（6）：3.

系统的研究表明，开展特色体能课间操学校的学生与未开展特色体能课间操学校的学生相比，组织开展特色体能课间操学校的学生在体质的多项指标以及心理健康测评的系统评价上，均明显优于未开展特色体能课间操学校的学生，因此可以推断出特色体能课间操对青少年的体质健康具有积极影响。

学生是一个朝阳升起的年龄，他们活泼好动，具有创造性，同时有着很强的可塑性[①]。通过青少年喜闻乐见的方式干预学生的体质发育，将会对青少年体质健康起到积极的促进作用。青少年的兴趣和志向是不稳定的，他们的兴趣来源于生活中教学方式对他们的影响。在青少年时期，学生的兴趣来源于情景化组织方式，青少年易被新奇事物、特殊动作吸引注意力。作为个性化、多样化的三级课程的校本设计，应将学生的兴趣作为设计的切入点，激发学生参与的积极性，使学生能更好地融入锻炼中。伴随身体发育和心智成长，力所能及的动作往往会让他们更加喜欢锻炼。因此，大课间操基于青少年的兴趣爱好进行动作设计，通过创新来增强课间操的吸引力，可以吸引青少年走出课堂，走向操场，从而养成良好的锻炼习惯，促进身心健康发展。

2. 健全学生心理

现代社会，体育运动对身心健康的积极作用已经得到大众的普遍认同[②]。运动不仅使青少年身体健康有所保障，更重要的是可以帮助青少年养成良好的心理素质。青少年可以通过运动回归到热爱生活、积极向上的精神状态中，从而促进青少年心理的健康发展。当代青少年学习压力较大，需要一种科学有效的方式去排解内心的消极情绪，而运动则提供了一种恰当的渠道让他们释放压力，保障青少年健康成长。

增强学生意志品质。运动除具备锻炼身体特性外，还可以很好地培养学生的意志力和毅力。不管是哪项体育运动项目，人体都会有一个适应身体极限的过程。在特色大课间操中，接连起来的动作对学生的坚韧及耐心更具有挑战性，可以不断打磨学生意志力，培养青少年坚忍不拔、不屈不挠的意志力。

提高学生抗压能力。青少年在升学阶段面临着巨大压力，在这个阶段容易产生紧张、焦虑、畏惧、不安等情绪，具体表现为：在课堂学习上无法很快集中注意力；

---

① 杭华彬.浅谈体育教学中如何培养大学生自主探究学习的体育意识［J］.南京体育学院学报（社会科学版），2013（6）：99–103.

② 苏新勇，吴雪萍，张琦.积极心理学视角下残疾大学生体育锻炼与心理韧性培养研究［J］.体育科技文献通报，2020（6）：29–30，38.

考试成绩不理想造成的心里低落，久久不能恢复；为了达到自己理想的成绩给自己施加较大压力，严重者很有可能出现抑郁症，甚至是跳楼自杀的风险。综上所述，在学生成长过程中，学会适当地放松自己、调节心理状态十分重要。据研究表明，通过运动可促进人体产生一种激素——内啡肽。内啡肽可以帮助人保持年轻快乐的状态[①]，其在体内作为信使传递信息，调解组织细胞的代谢活动，进而达到缓解压力，释放自我的作用。特色体能课间操的特点是通过互动、连续的动作，合理锻炼身体每个部位，加速人体代谢，通过规律性的跑跳使身体大量排汗，促进机体产生内啡肽，进而达到调节心情的作用，最终解决压力过大带来的健康问题。

塑造学生性格品质。性格品质和美德关系密切，性格品质隶属于美德，每一种美德集合中的性格品质都是相似的，因为它们都与核心美德有关，但彼此含义却各不相同[②]。心理学上认为，一个人如果具备谦虚礼让、彬彬有礼、善良大方、坚忍不拔、持之以恒、诚实守信等美好性格品质，这个人就会很大程度上拥有积极健康的心理状态；与此相反，一个人性格中带有胆小畏惧、自卑懦弱、自我怀疑、小气吝啬、斤斤计较等性格品质，那么就可以判定这个人的性格品质存在部分缺陷。由此可以看出，要加强青少年心理健康建设，就必须培养其积极乐观的性格品质，而通过特色体能课间操这一活动便可实现这一目标。

通过锻炼，青少年久而久之会养成自觉运动的习惯，可以培养学生遇事先行准备，遇到困难勇于面对，以饱满自信的状态迎接每次挑战的性格。因此，特色体能课间操对青少年优良性格品质的培养具有重要的推动作用。

3. 构建人际关系

社会学家认为：从社会的角度看，人的社会化的本质就是角色承担的过程。而体育运动通过给青少年学生分配"社会角色"，提供尝试社会角色的机会和场所，来发挥其促进人的社会化的作用。在特色体能课间操活动中，无论是集体还是小组在体育锻炼过程中，都需要主动（或被动）地承担各种不同的角色，而各种不同的角色恰如现实生活中各种角色的"模拟"。学生在长期的活动中将会逐渐地体会、认识并了解掌握团体和领域内的行为规范。这种"预演式"的角色承担，对增加学生们胜任经验效果的积累、提高工作能力等社会适应性的作用是显著的。另一方面，通

---

①　毕淑敏.破解幸福密码［M］.南京：江苏人民出版社，2010.

②　张秋颖,于全磊,陈建文.积极心理学下性格品质研究概述［J］.三门峡职业技术学院学报，2010（1）：14-17，20.

过体育角色的学习，还可以体会到经过个人努力是可以成功扮演各种角色的，从而认识到人的主观努力是改变社会地位的重要途径。

（二）活跃校园体育文化

特色体能课间操的完善与进步在诸多方面为校园体育文化的积淀和发展起到了至关重要的作用。特色体能课间操是学生的一种体育生活，是他们整个学习过程的重要组成部分，是传播体育文化，培养学生终身体育思想的一个不可忽视的起点。

校园体育文化是学校教育的重要组成部分，是以培养学生体育意识和体育技能、提高体育文化素养、增进学生身心健康为宗旨而开展的各种各样的校园体育文化活动；是在校园这一特定的范围内，在实践过程中所创造的精神财富和物质财富的总和。它有广义和狭义之分，广义的校园体育文化主要是指学校所有师生员工在体育教学、健身运动、运动竞赛、体育设施等活动中所形成和拥有的所有物质和精神财富；狭义的校园体育文化是指学校师生员工们的体育文化要素，可将其分为三大类，即意识文化、行为文化和物质文化。这三类文化均有助于人们的心理调节，满足师生员工对精神文明生活的需要[①]。

新形势下的特色体能课间操，打破传统的体育课间形式，采用多种活动形式，让学生们身体的各个部位都得到了充分的锻炼，让学生们走到阳光下，与阳光做伴，以操场为舞，在阳光的沐浴下尽情地享受生活、享受快乐，把学习带来的压力与紧张及时地宣泄出去。"阳光体育"给学生们带来了运动的快乐，让他们能够在运动中找到自信、得到满足，在学校体育工作中的作用和意义是巨大的。

特色体能课间操是学校的校本课程之一，涉及的范围广、内容多。特色体能课间操作为学校的一门课程，肩负着以体育活动为载体，全面育人、调节学生身心健康的重任，其自身的使命要求必须内容丰富、形式多样，满足当代学生的需要。首先，特色体能课间操是近几年在课间操基础上发展起来的一种新的学校体育组织形式，与课间操相比，特色体能课间操时间长，活动内容多，组织形式活，练习强度适宜，它不仅可以对学生紧张的学习起调剂作用，而且对促进学生身心健康有明显的效果。其次，特色体能课间操的水平还能反映学校的校风、学风甚至班风，体现良好的精神面貌。实践证明，有着高质量特色体能课间操的学校，必然是一所校风正、校纪严、学风活的学校。再次，选择恰当的音乐，创编孩子们喜欢的操，可以让孩

子们在愉悦的同时锻炼身体，让他们感受到大课间活动不是为了做操而做操，使他们能够以积极的心态，满心欢喜地融入大课间中。

（三）丰富校园文化生活

校园文化是一所学校的精神、传统、作风和理想追求的综合体现，它是校园中师生员工共同认可的文化[1]。校园文化在当今教育中发挥着举足轻重的作用，校园文化是常新的，是能够保持永恒魅力的，是能够唤起青年一代心灵的，是能够激发青年学生激情的，是能够唤起青年一代高尚的、独立的人格追求和高尚的道德追求的。

校园文化是以学生为主体，以校园为主要空间，并涵盖院校领导、教职工，以育人为主要导向，以精神文化、环境文化、行为文化和制度文化建设等为主要内容，以校园精神、文明为主要特征的一种群体文化。它主要包括：以青年学生为代表的文化观念以及有所规范的学生特有的思维特征、行为特征；学生课余生活中一切以群体形式出现的文化活动，如诗社、书社、文学社等社团活动。校园文化是社会整体文化的一部分，其本质是一种人文环境和文化氛围。就大学校园文化而言，在这种由大学生自己为主体营造的人文环境和文化氛围中，有校园特色的人际关系、生活方式，以及由大学生参与的报刊、讲座、社团及其他科学文化体育活动和各类文化设施，这些校园文化要素使大学校园更富有生机和活力。

校园文化建设的宗旨是有助于培养德才兼备的人才，即体魄健全、身心健康的社会主义建设者。学校是培养人才的摇篮，在这里我们的一切教学工作、一切科研工作、一切师生参与的活动，都应以学生的健康成长、成才为中心。

1. 校园文化塑造健康、积极、向上的校园氛围

校园文化是学校发展的灵魂，是凝聚人心、展示学校形象、展示学校文明程度的重要途径。校园文化对学生的人生观、价值观有着潜移默化的影响，而这种影响往往是任何课程所无法比拟的。健康、向上、丰富的校园文化对学生的品性养成具有渗透性、持久性和选择性，对提高学生的人文道德素养，拓宽学生的视野，培养社会主义建设所需的人才具有深远意义。

2. 校园文化建设可以极大地提升学校的文化品位

学校的校容校貌，能表现出一个学校的整体精神面貌和价值取向，是具有引导功能的教育资源。校园文化作为一种环境教育力量，对学生的健康成长有着巨大的

① 杨阳. 当前高校校园文化建设应着力把握好的几个问题[J]. 思想理论教育导刊,2012(4):120-122.

影响。校园文化建设的终极目标在于创建一种氛围，以陶冶学生的情操，构筑健康的人格，全面提高学生素质。

3. 校园文化是一所学校综合实力的反映

校园文化建设包括校园物质文化建设、精神文化建设和制度文化建设，这三个方面的全面、协调发展，将为学校树立起完整的文化形象。校园文化是一所学校综合实力的反映，校园文化的核心竞争力主要表现在文化的凝聚力和创造力上，优秀的校园文化能赋予师生独立的人格、独立的精神，激励师生不断反思、不断超越，因此，校园文化建设是学校发展的重要保证。

校园体育文化的灵魂与核心就是校园精神，而校园精神是深层次的群体意识，又是群体的向心力和凝聚力，是校园群体共同的价值认同、价值取向、心理特征、行为方式。有人把学术文化比作校园精神文化支收，而把体育文化看作是校园精神文化支取。因此，体育文化作为校园精神文化建设的一种途径和形态成了校园文化不可或缺的一部分。

特色体能课间操既是一种体育活动，也是一种文化活动，在美妙的音乐声中，在欢快的节拍中，舒展着身姿，不仅是优美动作的展现，也是相互之间内心的表达和交流。在校园体育文化中，行为文化是校园体育文化中最活跃的动态层面，是师生根据一定的教育目的而采取的相关体育活动，是师生价值观的外在反映，它包括的教学科研活动、组织管理活动、课外文化活动等，逐一体现着校园体育文化的独特面貌；而意识层面的校园体育文化是以学生为主体，以校园体育活动为载体，所形成的一种具有地域特色的、全校学生共同参与的、具有可持续发展性的体育精神环境和文化氛围。通过丰富多彩的特色体能课间操活动不仅可以培养学生的组织能力，提高学生的品德修养，增强学生的参与意识，促进学生人格的完善和情感态度正确价值观的形成，而且能够活跃、丰富学校的文化生活，使学生形成一种勇于拼搏、积极向上的良好品质，并有效提高学生遵守校规、校纪的自觉性，增强学生的团结协作精神和集体荣誉感，进而营造健康活泼、积极向上、团结和谐的校园文化氛围。

大课间体育活动对校园文化的影响是多方面的，它对校园文化的形成起着至关重要的作用。我们应该正确认识和理解大课间操体育活动在校园文化建设中的意义与价值，积极探索大课间体育活动的结构、内容、形式等，努力构建并完善校园文化体系，促进校园形成良好的体育文化氛围，使之丰富学生的校园生活，激发并促使学生保持积极健康的身心状态，提高学生的社会适应能力，促进学生综合素质的全面提高。

（四）打造地域文化品牌

文化具有地域性，不同的地域会孕育产生不同的文化。梁启超先生曾在《近代学风之地理的分布》一文中论述了地域与学风之间的关系，感叹"气候山川之特征，影响于住民之性质"，"环境对于当时此地之支配力，其伟大乃不可思议"。对于地域文化，文化人类学者曾用"文化圈""文化丛"等概念进行理论阐释和解读，可见地域与文化之间存在着紧密的联系。我国地大物博，疆域辽阔，民族众多，西部是海拔 4000 米以上的号称世界屋脊的青藏高原，东接横断山脉，地势下降到海拔 1000 米到 2000 米的云贵高原、黄土高原和内蒙古高原，中间有塔里木盆地和四川盆地等。再往东是海拔千米以下的丘陵地带和海拔 200 米以下的平原。东西落差如此显著的三个阶梯，南北跨度又达 30 个纬度，温度和湿度的差距形成了不同的生态环境，给人文发展以严峻的桎梏和丰润的机会。中华民族在这样的"自然框架"下生存，孕育产生了丰富的地域文化资源。近年来，这些内容迥异、风格独特的地域文化资源正逐步受到当地政府和社会大众的青睐。

有时一个区域内的体育活动所展现出的不仅是体育运动的活力与魅力、精神与理念，更重要的是对一个城市或区域的人文及文化的展示。如奥运会每到一处都会通过开幕式、理念与口号等不同的形式来表现举办城市与区域景观及具有代表性的地域特色文化，国际马拉松赛事在世界各地的举办亦如此。文化是一定人群在特定时空范围内与自然环境相互作用、相互融合以求得发展的过程及结果。体育活动作为人类的一种特殊性文化活动，在其发展与完善的过程中需要不断接受与吸收不同地域环境中不同群体所创造的独特文化。

校园体育文化与地域文化的融合，其实质就是文化与文化之间的融合，换言之，就是两种具有不同特质的文化的融合，即两种不同文化相互接触、交流与碰撞进而相互吸收、渗透、融为一体的过程。校园体育文化与地域文化的融合并非是简单的文化累加或相互包括，而是在吸收、渗透地域文化的基础上不断凸显地域特色文化的体育活动，形成具有鲜明性、独特性的校园体育文化。

因此，特色体能课间操可以根据当地传统民俗体育特征，因地制宜地进行特色编排，达到项目之间的融合。例如特色篮球操、排球操以及地方特色操舞等。特色体能课间操与当地传统民俗体育相融合能展现出一个地区独特的地域文化特征，在活动的同时促进学生对当地传统体育文化的认识和认同，增强学生对地域文化的自信与自豪感。

第四节　特色体能课间操的主要特点

每一种运动项目都有其自身的特点，在选择某一运动项目进行锻炼时，必须考虑到它的特点，才能有意识地发挥其功能[①]。对课间操来讲，不同类型的课间操因其接受对象不同而各有千秋。因此，在探讨课间操特点时，要根据自己研究的课间操的类型，选取正确的角度进行分析。如杨娟从项目内容与形式、音乐、风格等方面简介了五套轻器械特色操的不同特点[②]；郁庆定等在《大健康进校园：阳光体育课间操》一书中，从风格、音乐、动作、组织等方面分析了课间操的特点；徐辉等[③]在《学校课间操组织与实施的创新》一文中指出，学校课间操的组织与实施的创新策略应考虑到内容、音乐、时间、形式、评价等特点。本书在借鉴以上学者观点的基础上，从体能性、特色性、传承性、潮流性这四个方面对特色体能课间操的主要特点进行深入探究。

一、体能性

"体育是以身体运动为基本方式，促进人身心和谐发展的文化、教育活动。"[④]体能是人们参与体育运动的生理基础，而现在的青少年学生在巨大学习压力下，身体素质明显下降。因此，特色体能课间操在传统课间操的基础上进行创新，加入全新的体能训练元素，帮助青少年学生全面发展力量、速度、耐力、协调、柔韧、灵敏等身体素质。例如沈阳市铁西区启工街第二小学，在短短的课间操里面有踏板操、跳跳球等运动项目（图 1-24[⑤]、1-25 所示[⑥]），不仅提高了学生的兴趣，而且增强了学生体能。

[①]　郁庆定，王惠敏，罗明凤，等.大健康进校园：阳光体育课间操［M］.北京：人民体育出版社，2017.

[②]　杨娟.小学大课间轻器械特色操创编研究［D］.成都：成都体育学院，2018.

[③]　徐辉，周妹，陈庆国.学校课间操组织与实施的创新［J］.教学与管理，2015（13）：71-73.

[④]　杨铁黎.体育概论［M］.北京：人民体育出版社，2014：19.

[⑤]　体育教师大本营.【大课间】搏击操、踏板操、跳跳球、跳绳……各种帅！给你们点赞~.2019-01-09. https://mp.weixin.qq.com/s?__biz=MzIyNzM4MDM2NQ==&mid=2247488543&idx=2&sn=…….

[⑥]　体育教师大本营.【大课间】搏击操、踏板操、跳跳球、跳绳……各种帅！给你们点赞~.2019-01-09. https://mp.weixin.qq.com/s?__biz=MzIyNzM4MDM2NQ==&mid=2247488543&idx=2&sn=……

图 1-24　沈阳市铁西区启工街第二小学大课间踏板操

图 1-25　沈阳市铁西区启工街第二小学大课间跳跳球项目

二、特色性

（一）校本特色

改革开放以来，学校体育总体上呈区域复兴的发展态势，学生足球运动也随之复兴并发展起来。近年来，国家出台了一系列政策，大力发展校园足球，足球操在各校园越来越普及。足球操是利用足球为器械，根据音乐节奏不停变换动作的一类课间操。为积极倡导"健康第一""每天锻炼一小时，健康工作五十年，幸福生活一辈子"的现代健康理念，推动全校师生体育运动的广泛开展，让学生积极参加体育锻炼，江苏省连云港市赣榆区塔山小学充分结合学校的特色发展，把足球作为学

图 1-26　赣榆区塔山小学：主题足球操比赛

校传统体育项目，面向全校学生开展了足球操训练并进行了主题足球操比赛（如图1-26所示[①]）。

（二）地域特色（民族、地方特色）

随着经济的发展，文化传播途径逐渐多元化，学生们能够通过电子产品、网络等方式轻松地接触到新生事物，其对"新、奇、趣"事物的艺术鉴赏力得以持续提高，而传统的简单徒手操已经完全不能满足新时代学生的需要了。特色体能课间操其"特色性"是在传统课间操以广播体操为主的基础上进行种类创新，根据学校的实际情况、校园文化、地域文化等，添加各种球类、绳类、民族舞蹈、传统文化等元素。这不仅提高了学生参与学校体育活动的积极性，丰富了校园文化，还促进了学生身心全面发展。例如溧阳市戴埠中心小学的太平锣鼓操（图1-27所示[②]），不仅摆脱了传统模式的广播体操，而且弘扬了中国传统文化，提高了学生参与的积极性，促进了学生身心健康发展。

图 1-27   溧阳市戴埠中心小学太平锣鼓操

---

① 苏田波，王聿明.塔山小学：魅力足球操，快乐大课间［EB/OL］.微信公众号赣榆教育发布，2020-09-29.https://mp.weixin.qq.com/s/xLh-qWXyV3x7a4evTTjYjw.

② 溧阳千名学生表演非遗"太平锣鼓操"⋯会是什么样的场面？［EB/OL］.微信公众号中国溧阳，2016-06-13.https：//mp.weixin.qq.com/s/bTTTsj3lSVgnd8mJphZIow.

三、传承性

校园传承是由社会需求、现实传承困境、传承人主导、学校配合、地方教育政策支持等综合因素促生而成的[①]。民族传统体育对一个地域或民族的生存、繁衍、发展有积极影响，是地域和民族文化的建构成分与符号象征。积极参与民族、地域传统体育，可以在促进身心健康发展的同时，传承地方文化遗产，展现校园文化特色。

因此，从这个视角看，特色体能课间操还可以是根据当地传统民俗体育特征进行融汇创新，形成的传统体育文化与时代特色相融、文化地域特征与课间操形式相结合的一类特色课间操。例如，巴彦淖尔市蒙古族学校蒙古舞课间操《青春旋律》，在锻炼身体的同时，也传承了学校特色，传播了民族的文化。

四、潮流性

体育活动的潮流性，是社会各阶层成员对体育的迫切需要与热衷愿望。课间操的进步对校园体育文化发展起着至关重要的作用。课间操是学生的一种体育生活，更是体育文化的传播，所以目前的大课间操非常需要传统体育文化与现代潮流文化的注入，使两者相互吸收、渗透、交融，做到大众体育文化传统与时尚的融合，增强课间操的潮流性与趣味性。在实施中，让学生了解和掌握当今世界最前沿的体育锻炼知识和技能，便捷地了解最新潮流的体育锻炼项目[②]，使学生精神振奋，产生跃跃欲试的感觉，提高运动效果。

因此，特色体能课间操在进行创编时，不仅结合了传统体育文化，也融入了目前较为潮流、先进的体能训练理论，根据不同年龄段的学生，从心理、身体素质和个性特点等方面设计出适合各个年龄段学生的技术动作。例如鼓楼区大马路小学武术特色操、鼓楼区中山外国语小学跆拳道特色操等，在契合当地体育文化氛围的基础上，融入结合了目前潮流的体能训练理论及体育运动，使同学们耳目一新。

---

① 郭学松，曹莉，陈萍，等.民族传统体育传承中的理性与自觉之相互逻辑：福建金斗洋畲族武术传承人的口述历史［J］.体育与科学，2020（5）：100-105.

② 陈三政.互联网对大学生体育锻炼的影响［J］.韶关学院学报，2019（12）：84-88.

第二章

特色体能课间操的创编

特色体能课间操的创编是本书的重要部分，对特色体能课间操的动作技术与体系起着重要的指导作用。本章将深入阐述特色体能课间操创编的总体理论构思，首先，明确创编的目的与依据，为特色体能课间操的创编提供一定的理论支撑；其次，确定创编的基本原则，为特色体能课间操的创编提供基本的准则；最后，明确创编过程，明确特色体能课间操创编设计到投入实践的基本工作规划。

第一节 创编目的与依据

一、创编目的

（一）满足学生成长的需求

在创编特色体能课间操时，要紧紧围绕学生健康这一中心，坚持"健康第一"的指导思想，采用多种运动方式、组织形式，多元化体现学生的精神面貌，最终切实有效地发展学生的基本运动能力，提高学生身心健康，增强学生体质，促进学生树立终身体育锻炼意识。

1. 从立德出发

2007年《中共中央 国务院关于加强青少年体育增强青少年体质的意见》中明确规定："全面实行大课间体育活动制度，每天上午统一安排25—30分钟的大课间体育活动，认真组织学生做好广播体操、开展集体体育活动。"自此，大课间体育活动正式进入中小学校园，陪伴了一代代学生。近年来，在"立德树人"教育目标的引领下，大课间的立德功能在创编工作中也应逐步凸显，在减轻学生学习压力、丰富课余文化活动、激发学生体育运动兴趣的同时，也要发挥培养学生形成正确价值观的重要作用。

就我国现阶段中小学大课间活动，一般以广播体操和班级跑操为主，大课间活动显得陈旧乏味、缺乏创新，主要存在以下两个方面的问题：一是不能较好地激发学生的主动性、参与性、积极性；二是不能准确地把握当前中小学生的心理特点、思想内涵。针对当前所存在的两个问题，本书从培养学生正确的道德观和价值观角度出发，在特色体能课间操的创编过程中充分加入团结、协作、保护、鼓励等思想政治教育元素，在实践过程中，逐渐帮助中小学生树立起正确的人生观、价值观。

2. 从健康出发

少年强则国强。学生肩负着时代赋予的重任，承载着中华民族伟大复兴的历史使命。在当前优越的物质条件下，我国中小学生体质方面最主要的问题是肥胖率居高不下，并呈逐年上升趋势，且肥胖并发症也随之出现，严重影响着学生的身体健康。

面对当前中小学生严峻的体质健康状况，学校体育应充分利用大课间这一时段，着重提升课间活动的质量，提高学生运动参与质量，从而提升学生体质健康水平。首先，在体能方面，通过在课间操设计中加入力量、速度、耐力、协调、柔韧、灵敏等身体素质训练，以及其他足球、跳绳等基本技术练习，促进中小学生发展运动能力、增强身体机能。其次，基于前期的体能训练动作设计，通过合理的动作编排与组合，针对不同年龄阶层的中小学生，设计安排较为合理的运动强度与适宜的运动量，科学、安全、规范地提高学生的运动机能，全面、直接、有效地促进学生的身体健康。

（二）满足学校发展的需求

1. 从国家战略出发

习近平总书记强调："加强学校体育工作，推动青少年文化学习和体育锻炼协调发展，帮助学生在体育锻炼中享受乐趣、增强体质、健全人格、锻炼意志。"学校体育作为我国体育事业的重要组成部分，在体育强国建设过程中有着尤为重要的地位与作用。学校体育是实现青少年身心健康的重要手段，是"健康中国"的重要抓手，是实现"健康中国"战略的重要基础，学校体育与"健康中国"相互促进，相辅相成[①]。课间操创编要始终以提高学生身体素质为重心，树立改善学生身体素质的坚定决心，开展符合学校基本情况的课间操，最大限度地合理利用课间活动时间。要坚

---

① 王建伟. 健康中国背景下我国学校体育发展的困境与出路［J］. 广州体育学院学报，2019（4）：1-4.

决以大课间活动为推动学校体育良好发展的中坚力量，发挥学校体育在健康战略中的重要作用，推动我国健康事业又快又好地发展，助力"健康中国"建设。

2. 从教育理念出发

习近平曾指出："要坚持健康第一的教育理念。"课间操是学校体育的重要组成部分，是增强中小学生体质健康的重要方式。但由于长久以来所形成的应试教育观念，当今德智体美全面发展的素质教育落实还有些许阻力，导致许多学校对课间操不够重视，按部就班地在课间操时间内进行跑操和广播体操，缺乏创新，影响学生参与课间操运动的积极性。因此，学校应当树立"健康第一"的教育理念，积极地将学校课间操活动与新时代教育理念接轨，创新思想，激发学生参与的积极性，帮助学生树立终身体育意识，逐步提升中小学生体质健康水平。

（三）满足社会现实的需要

法国伟大的教育学家卢梭曾说过："学生就应该任其身心得到正常的发展，循序渐进，要有坚强的体魄，做事的体力和智力，才能更好地完成社会赋予的任务"。随着社会的不断发展，未来人才的要求也逐渐提高，而学校是培养未来人才的重要阵地。因此，学校体育作为学校教育的重要组成部分，针对中小学生进行社会适应能力培养，对将来学生成才走向社会具有极其重要的作用。特色体能课间操在传统课间操的基础上，以当前社会现实中的需要为创编的出发点，通过在特色体能课间操的创编过程中加入互动、互助、鼓励等环节，有效促进学生身心均衡发展，提升人际交往能力，增强社会适应能力，满足社会对人才的要求。

二、创编依据

增强学生体质、提高运动能力、培养良好的精神品质是创编特色体能课间操的重要指导思想。所有创编人员均是长期扎根基层有着丰富经验的教师，课间操项目的创编紧紧贴近实际情况。根据不同的年级，不同类型的学校，设计多种、安全、科学的课间操，并且确保整套课间操风格积极向上，给学生创造朝气蓬勃、轻松愉快的良好氛围。

（一）根据不同年龄阶段学生的特点

就本书的参编团队来看，自小学的基层体育教师至大学的优秀教授均包含在内，不同教学层级教师的组合对不同阶段学生的特点有着较为全面的了解，能够根据不同年龄段学生的心理、身体素质和个性特点，设计符合各个年龄段学生的特色体能课间操。在面向不同主体的课间操种类中，根据特定的年龄段制定不同的锻炼要求。如小学阶段，在丰富的动作之余，还要有鲜明的音乐节奏，吸引小学生运动参与进而养成良好的运动习惯。在初高中阶段，根据此年龄段学生青春期的心理特征以及学业压力，不仅要合理增加课间操的运动负荷，还要设计有着不同目的、不同能力学生的课间操。针对不同年龄阶段特点，采用最恰当的课间操种类与形式，从而最大程度上发挥课间操在不同年龄阶段学生中的重要作用。

（二）根据学校自身开展情况

不同地域的课间操开展往往会依据学校所处当地的文化特点来创编独具地方特色的课间操形式。因此，特色体能课间操的设计与创编始终遵循"因地制宜"的基本理念，根据不同中小学的要求、准则以及自身条件，设计和创编适合的特色体能课间操种类，保证特色体能课间操在以学校办学目的为主要依据的前提下，充分发挥课间操在学校体育教育中的作用。通过特色体能课间操，充分激发学生参与体育运动的积极性、主动性，提升当前中小学生的体质健康水平。

第二节　创编原则

习总书记指出："加强和改进学校体育美育，广泛开展劳动教育，发展素质教育，推进教育公平，促进学生德智体美劳全面发展，培养学生爱国情怀、社会责任感、创新精神、实践能力。"学校体育既关系青少年的健康成长，也是建设体育强国的基础工作[①]。《国务院办公厅转发教育部等部门关于进一步加强学校体育工作若干意见的通知》指出："各级各类学校要制订和实施体育课程、大课间（课间操）和课外体育活动一体化的阳光体育运动方案。要创新体育活动内容、方式和载体，增强体育活动的趣味性和吸引力，着力培养学生的体育爱好、运动兴趣和技能特长，大力培养学生的意志品质、合作精神和交往能力，使学生掌握科学锻炼的基础知识、基本技能和有效方法，每个学生学会至少两项终身受益的体育锻炼项目，养成良好体育锻炼习惯和健康生活方式。"[②]创编原则作为特色体能课间操设计执行的基本准则，其对特色体能课间操的设计与编排工作起着重要的规范与导向作用。

本书主要依据当前国家的政策与措施，遵循合理、科学、循序渐进的原则，在

---

① 俞海洛，方慧，刘洋，等.习近平新时代关于体育的重要论述对普通高校体育教学改革的启示［J］.体育学刊，2020（5）：76–81.

② 中华人民共和国国务院办公室.国务院办公厅转发教育部等部门关于进一步加强学校体育工作若干意见的通知［R/OL］.（2012–10–22）［2020–05–25］.http：//www.gov.cn/zwgk/2012–10/29/content_2252887.htm.

深入了解所创编动作的意义及目的的基础上，结合接受者的年龄、生理、心理的差异性，制定出适合当代不同年级、不同类别学生的特色体能课间操。创编过程中主要遵循四个原则：成果方向，即坚持特色与品牌相结合；实践成效，即坚持体能与育人相结合；表现形式，即坚持规范与灵活相结合；教学推广，即坚持简易与普适相结合。

一、成果方向：坚持特色与品牌相结合

在我国，地域文化或地方特色一般是指特定区域内源远流长、独具特点的文化传统或自然产物，是特定区域的生态、民俗、传统、习惯等的表现。纵观我国庞大的教育体系，为更好地适应不同地区的教学需求，最大限度地扩大教育成效，依据不同地域教育机构、中小学校实际现状，即地区文化差异、学校师生特点、教育资源、学校教育传统以及教育者的办学宗旨等因素，推出独具当地特色的地方、校本课程，例如，部分学校根据区域内藏文化资源开展了藏族民间故事（高段、中段、低段）、藏族舞蹈、扎嘎说唱、六弦琴、藏族传统服饰等课程[1]。地区特色体育课程开发必须围绕"知识线""教学线""素养线""民族线""评价线"，把立德树人作为教学根本任务，把素质教育落实到特色校本课程之中[2]。校本课程在坚持地方特色的基础上，还要逐渐形成地方文化品牌，并对其进行积极推广与传播，由此对学校周边发展产生影响和推动，发挥出课程特色品牌效应[3]。

本书始终以最终成果指导设计过程，在成果方向上，坚持特色与品牌相结合的原则。特色体能课间操的设计创编，需针对不同地域、不同种类、不同项目、不同年级进行综合考量，依照不同元素的特色，设计出针对性较强、特色品牌突出、练习目的明确的课间操项目。例如，四川外国语学校 5000 名学生齐跳川剧课间操，将川剧特色元素加入韵律操的编排，不仅让孩子们了解中国传统文化，同时也可以培养孩子们对川剧的兴趣。最终该校被评为四川省优秀文化传承学校，川剧特色课间操在发展过程中也逐渐成了四川外国语学校的独特品牌。包头市蒙古族中学在全校范围开展蒙古舞校园广播操《土尔扈特之韵》，如此独具特色的课间操，在锻炼身

---

[1]　陈婷.基于优秀民族文化传承的校本课程开发实践探索——以拉萨市实验小学藏文化特色校本课程为例 [J].民族教育研究，2020（1）：148–153.

[2]　冯发金.新时代民族地区特色体育校本课程开发的实证研究——以卡蒲毛南族"斗地牯牛"为例 [J].西南师范大学学报（自然科学版），2018（10）：179–184.

[3]　徐炳嵘.品牌追求：教育现代化视域中的特色学校建设 [J].上海教育科研，2012（4）：87–88.

体的同时，形成了学校特色，传播、传承了蒙古民族的文化。甘肃敦煌一所学校将敦煌舞作为课间操，学生们的舞姿轻盈、优美，动作整齐划一，教学成效显著。据了解，敦煌舞是根据敦煌壁画二次创作的，广泛开展敦煌舞有助于传统文化的发扬光大，同时也能激发学生的锻炼兴趣。由此来看，川剧、蒙古舞和敦煌舞均是依据当地的文化特色，逐渐开发出的具有本地区、本学校特色的课间操项目，并逐渐成为地区、学校的独特品牌。

二、实践成效：坚持体能与育人相结合

我国中小学课间操的开展历时已久，课间操的实施和发展极大地增强了中小学生的体育乐趣，提高了其身体素质，更加促进了师生、生生之间的有效互动[①]。课间操作为学校体育的重要组成部分，是保证、落实学生每天阳光体育锻炼一小时的重要实施内容，对促进学生进行适量体育活动、激发学生对体育的兴趣具有至关重要的作用。但纵观我国当前课间操的发展现状，大多数中小学校仍然停留在七彩阳光等广播体操形式抑或是以班级为集体的跑操形式上。由于课间操在我国中小学开设时间久远，传统广播体操的姿势编排和音乐伴奏等已经与当前中小学生的爱好相脱节，而且单一固定的广播体操模式也使得学生在具体锻炼过程中失去了兴趣，时常出现"应付"现象，根本达不到锻炼身体的效果，使得学校课间操锻炼质量明显下降[②]。同时，就普遍在中小学开展的课间操的形式与种类来看，在运动锻炼背后的育人目的并未较为明显地展现，其育人成效略显一般。当前所开展的课间操活动体能锻炼不够全面、育人培养成效不够明显等问题是中小学课间操发展首先要解决的问题。

本书在运动成效方面始终坚持体能与育人相结合的原则，基于体教融合的大趋势，将体育回归教育本源。因此，在特色体能课间操的创编过程中，明确要以适应不同年级中小学生的体能锻炼为导向，通过设计不同种类、不同形式的课间操，在激发中小学生参与积极性的同时，全方位发展学生的速度、灵敏、耐力等素质，促进中小学生体质提升，进一步推动体育强国建设。在课间操的设计与创编过程中，需充分考虑不同动作对培养学生精神品质、思想道德的作用。例如，在课间操的创

---

① 徐辉，周妹，陈庆国.学校课间操组织与实施的创新［J］.教学与管理，2015（13）：71-73.

② 徐辉，周妹，陈庆国.学校课间操组织与实施的创新［J］.教学与管理，2015（13）：71-73.

编过程中，我们加入了双人跳绳、双人垫上练习等内容，这就在一定程度上培养了中小学生团结协作、诚信友善等优良的品质，使得中小学生在课间操活动中，既得到了身体层面的锻炼，又得到了精神层面的升华。

三、表现形式：坚持规范与灵活相结合

就课间操当前的现状来看，无论是广播体操形式还是集体跑操形式，整齐划一的动作与步伐都是其最基本的要求，同样也是班集体团结一心的重要外在表现。但这一最基本的要求也是中小学生最难达到的要求。课间操本身是一种对学生行为的规范，但是规范不是强迫学生去做课间操，而是让学生能够愿意做课间操，从而遵守规范、自觉执行规范，这才是这一规范设立的成功之处[①]。因此，课间操的内容和形式与中小学生学习和练习的认真程度有着较为重要的关系。但就课间操而言，一味地强调其整齐划一的节奏与动作，不但在一定程度上失去了开展课间操真正的目的与意义，同时在一定程度上束缚了课间操的创新发展。因此，在规范课间操的组织与安排的同时，如何依据不同项目灵活制定不同的标准是当前课间操发展亟待解决的问题。

就本书所创编的特色体能课间操而言，在表现形式方面，坚持规范与灵活相结合的原则，即在课间操的组织与安排过程中，依照不同阶段制定不同的标准与要求。例如，在课间操的教学阶段，依据不同身体素质、年龄、班级，合理地划分相关小组单位、班级团体；基于不同团体的身体素质、能力限制等方面的状况，在课间操动作幅度、动作节奏、运动强度等方面制定不同的要求和标准，不同的小组单位、班级团体应当严格遵守相关规范标准。因此，就不同的小组单位、班级团体而言，特色体能课间操的组织与安排严格规范了不同的动作，并针对不同运动形式提出了各种不同的标准，但特色体能课间操的整体编排又是灵活多样的。

四、教学推广：坚持简易与普适相结合

目前，我国课间操主要面向不同地域的中小学生。总体来看，课间操的实施对象主要为正常体质、没有运动经历、未经过体育训练、学习较为繁忙的学生群体。因此，根据对象特点，课间操的设计与创编应当遵循简易、普适、有效等基本准则，设计出符合不同群体要求的课间操种类。依据该设计理念创编的课间操，不但能较好地在师生、生生之间，通过相互教授、快速掌握，同时基于课间操的普适性，能够

---

① 陆云鹏. 戴着镣铐的舞者——基于班级中规范与自由的研究［D］. 上海：华东师范大学，2013.

很大程度上帮助课间操自创编学校向其他中小学生乃至于社会其他层面进行广泛传播，唤醒不同人群对于体育的认识、激发不同民众参与体育运动的积极性。

因此，在课间操的创编过程中，本书以教学推广为最终成果，始终坚持简易与普适相结合的原则，使动作设计在促进学生体质发展的基础上简单易懂，强度适中，杜绝难度与强度过大，保证学生人身安全。特色体能课间操虽然整体动作简单，但设计创编具有新意，锻炼效果较为明显，项目开展轻松有趣，有助于学生从锻炼中逐渐产生探索与挑战的兴趣，最终达到调节身体、愉悦身心的目的，在较简易的动作、相对短暂的时间内起到事半功倍的锻炼健身效果。在创编过程中要充分考虑运动强度问题。运动强度是指在单位时间内完成的运动量，它对锻炼者的机体影响最大，是运动量中最主要的因素。不同条件下的运动强度对人体的结构功能和专项能力具有不同的影响，从生理学的角度看，体育锻炼和运动训练的效果与运动强度有着十分密切的关系，运动强度过小不能取得预期的锻炼效果，运动强度过大则可能引起过度疲劳或运动伤病，甚至导致猝死[①]。由此可以明确，如果运动强度相对较大，超过受众的承受能力，将会产生一系列消极影响，不能达到既定的运动目标。所以本书在创编过程中坚决遵循简易与普适相结合原则，注重特色体能课间操简易动作的安排与设计，考量不同项目的运动强度，最大限度地提升课间操的简易性与普适性。

第三节　创编过程

课间操的动作创编是一个整体，是由许多创编过程组合起来的，有一个固定的流程与步骤。科学、合理地进行课间操创编，应先构建一个大框架，确立创编动作的目的、类型、风格，再按照步骤，完善大框架里面的小框架与细节。一般来讲，课间操的创编主要由七个部分组成，即创编理念的确立、创编方案的设计、创编团队的构建、动作技术的创编、成套技术的修改、创编成果的形成、最终成果的推广。

一、创编理念的确立

发展理念是事物可持续生命力的重要前提，而创新是事物进步发展的关键因素，是推动事物不断完善、不断进步的动力。对课间操来说，其创编理念直接反映着课间操的科学性、合理性、实用性、实效性。所以任何课间操的创编都应该基于一定的现实状况，依照特定的创编理念。如邹美琴在《阳光体育背景下小学特色课间操

---

① 夏祥伟.研究生体育锻炼与健康问题的研究［D］.上海：华东师范大学，2005.

的创编与实证研究》中指出"特色篮球课间操的创编理念是在创编的过程中加入篮球元素，将运球、传球、攻防等基本技战术及裁判手势这些动作融合进篮球特色课间操里；排球特色课间操的创编理念是加入排球元素，将五种排球基本技术动作（发球、垫球、传球、拦网、扣球）及排球的辅助等动作设计进去。"①

　　而本书的特色体能课间操创编理念主要是在促进学生身心健康的基础上，对传统的课间操的内容与形式进行再创新，创编出符合当代学生身心发展与体质健康要求的特色体能课间操，使学生在得到最基本的身体锻炼的同时，能够培养正确的精神品质，为学校课间操注入新的活力。

　　二、创编方案的设计

　　（一）创编方案设计的分类

　　特色体能课间操是在传统课间操的基础上进行创新的，主要分为以下四种类型。第一种类型是单项，指全校所有学生集体进行同一种类的课间操。如全校在课间操时间一起做同一种广播体操抑或其他课间操。第二种类型是综合，指在课间操时间内按水平阶段进行划分，如把一、二年级划分为水平一，三、四年级划分为水平二，五、六年级划分为水平三，七到九年级划分为水平四，然后按照学生在各个水平阶段的生理特点、心理表征以及实际体能进行动作编排。第三种类型是徒手，指不采用任何器械而进行的课间操，如广播体操等。第四种类型是器械，指需要采用器械与工具来完成的课间操，如垫上体能课间操、足球操、绳操等。本书在这四类课间操的基础上，根据学生实际情况，以健身锻炼、增强体能、培养身心、促进学生全面发展为目的，进行方案设计，科学地创编出符合学生身心特点并具有实际价值的课间活动。

　　（二）创编方案设计过程中遵循的原则

　　1.合理性原则

　　特色体能课间操在创编设计过程中，会根据学生的年龄与需求等特点，创编出符合学生需求的课间操。在保证不耽误学生其他文化课的学习且不会让学生感到过度疲惫的基础与原则之上，达到锻炼效果。按人教版体育新课程标准来划分：绳操适用于水平第一阶段的一至二年级的学生，足球操适用于水平第二阶段的三至四年级的学生，垫上体能操适用于水平第三阶段的五至六年级的学生。但如果按实际教

———————————

　　①　邹美琴.阳光体育背景下小学特色课间操的创编与实证研究［D］.成都：成都体育学院，2013：46.

学经验适用范围来划分的话：本书认为绳操适用于义务教育所有水平阶段的学生；足球操适用于四至六年级的学生；垫上体能操适用于义务教育所有水平阶段的学生。

2. 循序渐进原则

特色体能课间操的创编方案始终遵循循序渐进原则，并且按热身、高潮、放松这一固定过程设计。在课间操的准备与开始阶段，始终坚持强度循序渐进、节奏由缓至急的原则，针对难度系数不同的动作，始终按照由小到大、由易到难、由简到繁循序渐进。

3. 安全原则

特色体能课间操在设计创编过程中要充分考虑动作的安全性，保证学生在课间操的进行过程中将危险系数降到最低。安全原则应当贯穿课间操设计的整个过程。创编过程不能脱离实际、凭空想象，而应周密考虑、合理安排，有效地预防和减少伤害事故的发生。

三、创编团队的建构

一个合格的作品少不了一个优秀的团队，团队的构建不应该是单一职业人群，而应该是综合各方面因素而组成的。特色体能课间操的团队不仅应当包括体育教师或者体育专业人员，还应配备学生与相关领域专家。任何一个教学经验丰富、具有一定专业性功底的人对课间操进行动作创编都有重要的作用，但要论其效果与推广，课间操的创编者不仅要创编出科学、合理的动作与组合，还要对所创编的动作进行合理教学推广。因此，体育教师在课间操的创编和教学中是处于主导地位的。创编团队在整个创编与教学过程中应当始终明确学生为主体、创编者为主导的不同地位，全方位、多形式地进行课间操的编排。

四、动作技术的创编

（一）动作技术的创编方案

进行动作技术的创编首先要考虑到创编技术动作方案的类型、数量、时间等因素。要遵循脚踏实地原则，先确定一个目标方向再进行下一步的制定创编。制定创编的总体方案是创编课间操的第一步，只有明确创编目的及创编方案，才能根据创编方案有目的性、针对性地实施，才能避免在创编中出现无从下手的局面[①]。

---

① 王娟.高中室内课间操创编研究［D］.成都：成都体育学院，2016：16.

（二）动作技术的分类

一整套的特色体能课间操动作，包括开始部分的热身动作，中间部分的高潮动作，结尾部分的拉伸放松。

1. 开始部分的热身动作。应创编动作幅度、运动强度较小的动作，主要目的在于避免肌体在正式活动时受到损伤，起到预先保护的作用。

2. 中间部分的高潮动作。创编遵循循序渐进原则，由开始的小强度、小幅度渐渐过渡到大强度、大幅度，达到课间操健身强体的目的。

3. 结尾部分的拉伸动作。能够缓解疲劳，改善由于乳酸积聚而造成的酸痛感，并且放松运动后紧张的肌肉，防止肌肉僵硬和血液淤积。同时系统的伸展训练能拉长肌肉和肌腱，改善身体线条，增加柔韧性和协调性，并能有效防止运动伤害。

五、成套技术的修改

成套技术的修改是完善特色体能课间操创编最重要的一个步骤，当每个部分的动作设计完成后，就组合成为一整套操。当所有动作设计完成之后，要按照成套的框架结构把动作分节、排序，以合理、科学的顺序串联起来，注重调整动作之间的连接、节奏、层次、方位、路线。同时要注意动作节奏与音乐风格的吻合程度。成套动作的完善是课间操的最后一个步骤，也是非常重要的环节。成套动作整合起来后，要反复实践，可以找个别学生体验，询问学生设计出来的课间操是否对他们有吸引力，例如此操的运动强度、难度、幅度是否合适，其锻炼效果如何，再根据他们提出的意见进行适当修改。随后进行教学实践，进一步分析、调整后确定成套课间操动作。整个成套动作完成后，通过拍摄视频、镜面观看的方式，考量成套结构及衔接的合理性。最后，请专家评审，请教相关权威专家，询问设计出来的整套动作是否合理，是否具有可操作性，并修改不恰当的地方，使动作内容更加完善、丰富。

六、创编成果的形成

在听取教师、受试者及专家意见的基础上，对特色体能课间操进行微调。在经过实践检验，收集了反馈意见与接纳专家的审评后对课间操不足的地方进行修缮改进。成套动作相对简易，衔接自然、流畅，此时的创编成果更趋于合理与完善，具有一定的合理性与权威性，同时富有重要的推广价值。

七、最终成果的应用

（一）推广

创编成果形成后就开始进入推广阶段，推广可以分为三大类：

一是通过网络平台进行推广。在类似 keep、咕咚等体育健身的 app 上进行线上推广，可以让学生随时随地地自主学习。

二是在线下学校推广。通过学校老师对学生进行讲解与示范，以言传身教的形式教授课间操。这种方式主要就是借助体育课时间，体育教师根据中小学生学习特点选择适合他们的学习内容，并积极运用科学的教学方法和手段进行推广。另外，根据每个学生不同的特点有针对性地指导和帮助他们更好地学习特色课间操，增加特色课间操推广的力度[①]。

三是通过活动比赛进行推广。这一举措可以很大程度上增强宣传力度，提高参与兴趣。通过举行课间操比赛活动，以比赛的形式激发学生的参与热情，提升课间操的参与度。因此，教育部门和学校方面可以多组织一些课间操表演，通过比赛等活动形式，激发老师和学生参与特色体能课间操的热情，从而可以更好地在校园内推广。

（二）反馈

课间操推广实践过程中，可以采取问卷调查、专家访谈、实地走访调查、数理统计及逻辑分析等方法，收集学校特色体能课间操开展的现实情况与实际效果。根据收集到的意见与相关评论，进行特色体能课间操的改进，促进特色体能课间操的进一步发展。

---

① 梁禄．特色课间操在济南市市中区中学大课间的推广路径研究［D］．济南：山东体育学院，2018：25.

第三章

特色体能课间操教学方法

特色体能课间操教学方法是指为了完成特色体能课间操的教学工作，教师采取的教学方式与手段和学生的学习方式与方法的总称，包含教师的"教"和学生的"学"两大方面，二者相互统一、相辅相成。教师在教学活动中处于主导地位，在选择教学方法时，应充分考虑学生的接受能力和整体差异，因材施教，有针对性地完成特色体能课间操的教学。学生在教学活动中处于主体地位，在特色体能课间操的学习过程中，学生应积极地学习各个动作，并根据不同的技术动作以及自身的能力水平选择合适的学习方法。本章将从特色体能课间操的教师教法和学生学法两方面进行分析说明，在原有教学方法和学习方法的基础上，创新适合特色体能课间操的教学方法和学习方法。

第一节　特色体能课间操的教法

课间操在我国的发展已有很长一段时间，教学方法与其他操类项目具有共通之处，在其发展过程中根据不同动作的特点形成了多种类型的教学方法。如以语言传递信息为主的讲解法、问答法、讨论法；以直接感知为主的动作示范法、演示法、纠正动作错误帮助法；以身体练习为主的分解练习法、完整练习法、领会教学法、循环练习法；以情景和竞赛活动为主的运动游戏法、运动竞赛法、情景教学法。1996年人民体育出版社出版的《学校体育学》对体育教学方法的定义为："体育教学方法是体育教学过程中完成教学任务所采取的教学途径和手段。"[1] 由此总结出课

---

① 　陈雁飞,董文梅,毛振明.论体育教学方法的概念和层次[J].天津体育学院学报,2006(2):180–182.

间操的教学方法是指课间操教学过程中为了完成教学任务所采取的活动方式的总称。

由于特色体能课间操涉及的体育项目较多，开展特色体能课间操，应对学校硬件设施、教学项目、学生层次等方面进行全面的掌握，确定适合学校开展的项目。在实际教学过程中，教师应合理安排场地、器材等资源，"因时、因地、因人"，灵活选择和运用各种教育教学方法，营造良好的体育课堂氛围，提高特色体能课间操的教学质量。在教授特色体能课间操时，体育教师常用的教学方法主要有语言法、示范法、提示法、练习法、预防和纠正法等，除以上教学方法外，本书着重从创新的角度运用学生助教法、小组协作法与双人互助法进行教学。

一、学生助教法

学生助教法是指体育教师在教授特色体能课间操前，对能力较强的少数学生进行教学，使其掌握预教内容，正式教学时帮助教师完成教学工作的教学方法。对有表现欲望、想展现自己的学生，体育教师可以恰当地抓住机会让其进行动作示范或分小组组织教学或练习的时候担任小组长，充分发挥其积极的主观能动性[①]。学生助教法能够加强教师与学生之间的沟通，使教师能够及时地了解学生在学习中所遇到的问题，有针对性地组织教学。学生助教法对学生人数较多、动作复杂或动作变化较大等情况具有很好的帮助作用，对特色体能课间操的教学有以下几点重要意义。

（一）保障教学质量

对于普通中小学来讲，每个班级的人数普遍在四十人左右，教师要想与每个同学进行交流和互动存在一定的困难。实行学生助教法，教师在课堂上安排"小老师"进行辅助教学，不仅能够提高教师与学生的交流，还能够保障整体的教学质量，以便更快更好地完成特色体能课间操的教学。

（二）带动学生积极性

同班级学生之间相处的时间较长，联系较为密切且熟悉彼此的性格，在同班级学生中选择助教学生，能够使学生快速进入状态。同时，在课下练习过程中助教学生还能充分发挥"小老师"的作用，带动学生学习特色体能课间操的积极性。

（三）提高助教学生能力

运用学生助教法，首先，肯定了助教学生的体育素质；其次，在特色体能课间

① 孙海艳.高职院校体育协同心理健康教育的思考［J］.职教论坛，2014（5）：28-30.

操的教学课堂中辅助老师进行教学，能够锻炼助教学生的应变、表达、肢体协调等综合能力。

为了能够顺利地运用学生助教法，在实施学生助教法之前，体育教师应及时向学生说明教学流程以及选择助教学生的理由，避免学生情绪低落或产生偏见看法，若有类似情况发生应及时对学生进行讲解和疏导。

二、小组协作法

小组协作法是指依据学生能力水平将班级学生进行分组，以小组协作形式进行练习的一种教学方法。在学习过程中，构建学习小组的方式，可以加强不同成员之间的相互协作，促进学生进行学习反思[①]。在特色体能课间操的教学过程中运用小组协作法，将授课班级分为5-8组，每组的学生能力水平尽量均匀，避免出现小组成员普遍能力水平过高或过低的情况。在教授特色体能课间操时，体育教师应培养学生的团队意识，通过小组协作法提高学生学习特色体能课间操的积极性，进而积极地带动小组其他成员练习。教师可以组织开展有挑战性和情景性的学习活动，以增加教学的互动性，如利用游戏化的竞争机制提升学生参与的兴趣和动机，通过情景创设提高小组协作性，并以具体成果的产出驱动提高学生参与质量[②]。同时，教师要时刻观察学生动向，做出相应的安全措施，并教授保护与帮助的相关知识。在特色体能课间操的教学过程中，使用小组协作法有以下几点意义。

（一）互相督促练习

在特色体能课间操课堂使用小组协作练习法，能够提高学生学习的主动性，为了完成教师布置的任务，小组成员会互相监督。小组间的评比打分策略，使学生在有限的时间内快速地交流练习新动作，提高学生的学习效率，当个人出现错误时，小组进行纠正，在互相监督中练习，增强学生集体荣誉感。

（二）培养个人责任心

在特色体能课间操的教学过程中使用小组协作法，能够培养个人责任心，当某一成员出现错误时，基于自身的责任，以及小组人数少于班级人数所创造的低压环境，使其他成员更加敢于指出错误，促进小组成员共同进步。

① 王虹霞.语言文化视角下大学英语教学策略探讨——评《外国语言文学及外语教学研究》[J].中国教育学刊，2020（8）：143.
② 李艳，陈新亚，陈逸煊，等.疫情期间大学生在线学习调查与启示——以浙江大学竺可桢学院为例[J].开放教育研究，2020（5）：60-70.

（三）提高人际交往能力

在特色体能课间操教学中合理地运用小组协作法，大家互相交流，提高小组成员间的互动率，不仅能够活跃课堂氛围，还能使学生全方位地理解各个动作的要领。同时，小组协作法使同学们在交流中学习，潜移默化地提高了学生的人际交往能力，增进了学生之间的感情。

三、双人互助法

双人互助法是介于学生助教法与小组协作法之间的一种教学方法。双人依赖肢体运动来表达互动意图不仅是生活中一种常见且重要的社交情境，而且是个体与他人进行社会交往、相互学习和维持人际关系的重要手段，探索大脑如何理解双人肢体表达的不同性质的互动意图具有现实意义[①]。在特色体能课间操双人动作教学中，双人互助法可以起到助教的作用；在进行单人动作练习时，双人互助法又是小组协作法的最小化，互相之间有很强的保护与帮助作用。双人互助法在教学中充分融合了语言法、示范法、练习法以及纠正法等多种方法，弱化了教师的主导性，强调学生在特色体能课间操学习过程中的主动性、自主性，强化了学生对特色体能课间操学习内容的认知和理解。

在特色体能课间操的双人动作教学活动中，双人互助法起到的是学生助教法的作用，体育教师通过两人的动作示范向全班同学展示不同位置的学生所要做的动作，相对于体育教师自己示范或助教学生进行示范，双人互助法使学生更加明晰自己所要做的动作，避免动作混淆等问题的发生。在学生练习时，助教学生可以指导与自己相同位置学生的动作，不仅能够加强同学间的交流，也能够提高教学的效率及效果。

在特色体能课间操的单人动作教学活动中，双人互助法起到的是小组协作法的作用。在学习时间紧迫或者交流性较强的动作时，双人互助法相对于小组协作法具有其高效性。小组协作法侧重于探讨性练习，而双人互助法相当于目标明确地进行高效练习，操作起来较为简便，能使学生快速地进入练习状态，达到预期的练习效果。

双人互助法不仅是学生助教法与小组协作法的补充，更是特色体能课间操教学方法的一种创新，并在实际教学中发挥着重要作用。一方面，双人互助法可以使学生相互纠正错误动作、掌握正确的练习方法；同学间面对面进行动作练习，及时地

---

① 黄亮，杨雪，黄志华，等.理解双人肢体运动表达的友好和敌对意图的 ERP 证据［J］.心理学报，2019（5）：557–570.

发现自己或对方的错误动作，通过交流学习，纠正错误动作，掌握正确的练习方法。另一方面，双人互助法可以加快学生动作的学习：在练习过程中，两人相互鼓励、相互支持，避免单人练习时枯燥厌烦等情绪的产生，进而更加高效地进行动作的学习。

教学方法的运用在特色体能课间操的教学过程中有着极为重要的作用，教师在特色体能课间操的教学中不仅要灵活地运用传统的教学方法，亦要积极地对教学方法进行创新，遵循"因时、因地、因人"而异原则，充分融合各种教学方法的优点，寻找最适合学生掌握技术动作的方法，使学生的学习效率达到最大化，从而获得最佳教学效果、提高教学质量。

第二节   特色体能课间操的学法

学法即学习方法。体育学习是指学生在体育教师有目的、有计划、有组织的指导下，通过体育知识、技术和技能的获得，内化而产生的身心发展变化过程；体育学习方式是指学生个体在学习体育运动知识与运动技能时接受或加工信息的方式。[①]一个好的学习方法往往能够对学习水平的促进起到事半功倍的效果。习近平总书记指出："领导干部的学习水平，在很大程度上决定着工作水平和领导水平。"[②] 同理，学习方法的好坏将会决定学习水平的高低，而学习水平的高低很大程度上将会对学生后期知识技能的掌握和提高起到决定性作用。究其根本，掌握正确的学习方法，是学习特色体能课间操的基石，也是为个人水平的提高提供支撑。

体育学科教学与其他学科教学的最大区别在于体育学科的学习更加注重实践性，倾向于通过实践提高个人能力。在实际学习过程中，不同类别的体育项目有着不同的学习方法。王洪（2013）[③] 在对舞蹈啦啦操成套动作的教学中提出分解教学、分节教学和完整教学三种教学方法；蔡仲林、周之华（2005）[④] 在列举武术教学法时，提出指导法、练习法、评价法以及多媒体教学法等教学方法；卢竞荣（2016）[⑤] 在对

① 肖红香.新课程标准理念下学生体育学习方式的理论探析［J］.西安体育学院学报，2011（6）：761-764.

② 习近平.领导干部要认认真真学习［J］.共产党员，2008（11）：6-7.

③ 王洪.啦啦操教程［M］.北京：人民体育出版社，2013：220-221.

④ 蔡仲林，周之华.武术［M］.北京：高等教育出版社，2005：89-98.

⑤ 卢竞荣.中小学课余体育训练［M］.北京：人民体育出版社，2016：75-87.

中学生课余体育训练进行梳理分析时，提出持续训练法、间歇训练法、比赛训练法以及变换训练法等体育学习方法。本书所探讨的特色体能课间操的学习方法除了遵循以上学习方法以外，还从学生的角度出发，贴合学生需求提出如下三种学习方法。

一、探究学习法

体育探究式学习是探究学习方式在体育学科中的渗透和应用，是指学生在体育学科学习过程中，以实现体育学科目标为目的，在教师的帮助和支持下围绕体育学科问题而展开的，运用多种方法自主寻求或自主建构知识、技能、方法的活动或过程。[①]学生通过对特色体能课间操学习过程中产生的问题进行深入剖析，有助于帮助学生掌握学习内容，巩固所学知识，培养学生"有问就提，有问必答"的学习态度，以及发现问题、提出问题并解决问题的学习能力。将探究学习法落实到特色体能课间操的学习中，需要注意以下方面。

在教学设计时，教师应结合学生的身心发展状况帮助学生设计探究问题，保证探究学习法的可行性和有效性。所设计的探究问题多为并列式和递进式。并列式探究问题的逻辑关系完全不相关或相关度较低，能够在课堂氛围较差时带动学生进行探究；递进式探究问题的逻辑关系则是各个问题层层推进，在调动学生积极性的同时激发学生的求知欲望。

在探究过程中，需明确探究学习法并不直接等同于问答法。问答法是通过教师提问、学生答复的形式对所学知识或技能进行回顾，以加深学生对所学知识或技能的印象。而本书所提出的探究学习法对学生的主观性要求更强，要求把问题交给学生剖析，以学生的角度对问题进行解答。从不同的分析角度来看，某些主观性较强的问题答案并不是唯一的，甚至每个学生的解答都可以是正确答案。

在探究结束后，探究结果的运用也至关重要，探究性学习更深层的价值是成果的应用[②]。学生探究的结果往往是学生思维的真实反映，从中可以观测到学生对所学知识或技能的掌握程度，进而加以利用，改进原定的教学计划，实现更加高效的教学效果。此外，探究结果的运用能够有效地激发学生的学习欲望，实现学生的自我满足，进而实现学生学习态度从被动到主动的转换。

在特色体能课间操学习过程中运用探究学习法时，教师仅扮演问题的设置者、

① 万茹，莫磊.体育教学中的"探究式学习"教学法［J］.体育学刊，2008（8）：64-67.
② 姜玉华."探究性学习"在高中体育教学中的应用［J］.南京体育学院学报（社会科学版），2011（5）：102-103，107.

解答的引导者、沟通的调和者和兴趣的激发者，真正的问题解决者实际上仍是学生自身。在特色体能课间操的探讨过程中，教师起到引领作用，鼓励学生对问题提出个人见解，引导学生对问题进行深入剖析，培养学生对问题解决的逻辑性思维。对于学生探究的问题矛盾点，学生之间相互学习对方思维模式，找出问题矛盾点的根源，而不只是简单地停留在问题表面。

二、回顾学习法

回顾学习法是指学生在特色体能课间操学习过程中，通过自身练习音频、教师示范音频、脑海回想等途径，回顾所学知识或技能，发现并改正自身存在的问题，以提高特色体能课间操的动作准确度，发展特色体能课间操的整体表现力的学习方法。回顾学习法的运用在其他学科中大多体现在理论性知识的回顾学习上，而体育学科则更偏向于实践性知识的回顾。贾国有（2017）[1]指出"体育教师才可能运用想象性素材来提供更多的假设性运动场景，并基于反复的演示、实验与验证来推陈出新，为学生呈现学习的真实情境"。采用回顾学习法时，要求学生充分利用现有条件，因地制宜，采取当前最便捷的方式进行回顾。通常情况下，采取音频录制法和意念回想法两种方式较为便捷。具体如下：

（一）音频录制法

音频录制法多用作参考或改进动作，学生借助所录制的音频，回顾动作环节，找到自身所存在的问题并结合音频进行改进，以达到更好的运动效果和更高的运动水平。在场地器材允许的情况下，通常分为自身练习音频录制、教师示范音频录制以及双人对比音频录制三类方式。其中，自身练习音频主要用于分析自身动作的准确度，改进自身动作细节；教师示范音频主要用于初学阶段的规范动作、熟悉动作环节以及后期练习过程中判断自身动作的准确度等方面；双人对比音频常用于对比动作细节、提高动作准确度。

（二）意念回想法

意念回想法是学生在脑海中对教授内容进行回顾，对所学动作进行想象练习，以熟悉动作环节，加深动作印象；是通过思维活动让学员在想象中完成动作的一种注重"心理练习"的教学方法[2]。常用于场地器材条件缺乏的情况。例如无法进行音频录制、播放；无法进行动作练习；动作回顾时间有限；动作生疏等。学生通过对

① 贾国有.体育课堂中的真实学习实现［J］.教育理论与实践，2017（35）：61-62.
② 国家体育总局职业技能鉴定指导中心.体育舞蹈［M］.北京：高等教育出版社，2012：157.

动作的回顾认识到自身所存在的问题并及时进行改正。意念回想法的优势在于没有外部环境限制，能够随时随地地进行，相对自由灵活，学习效果良好，是效率较高的学习方法之一。

对学习方式的选择和运用，不但要考虑教材的需要、学习方式的价值，还要考虑学生对现代方式的理解和操作能力，而且在学习方式的整合上还要考虑教学的目的性等若干前提条件，盲目地或形式化地运用学习方式，势必会影响教学的有效性[①]。回顾学习法的运用也是如此，简单地刻板套用并不能将其作用发挥到最大，应该根据场地器材以及学生实际需求灵活变通，在条件允许的情况下可以将两种方式结合进行学习。比如，学生动作不熟练，场地器材情况允许，可以先通过意念回想的方式熟悉动作环节，然后在练习过程中，利用音频录制进行动作准确度分析，最后在练习结束后，再对动作进行意念回想，实现技术动作的反复巩固，以达到更好的练习效果。

三、表演学习法

表演学习法是指学生将所学的特色体能课间操内容转换为规定情境下个人创造的表演。这种学习方式相对于其他学习方式而言，是比较特殊的，它是以所学的课间操内容为基础，通过学生的主观思维运作而创造产生的。表演的创造过程是对学生所学的课间操内容的回顾，同时也是对学生创造性思维的拓展。其主要特征在于能够开拓学生的创造性思维，给学生以新的刺激，提高学生的学习积极性，增强学生的自信心等。在特色体能课间操学习中运用表演学习法时应注意：

在教学设计时，教师应结合教学计划和教学内容，选择适合采取表演形式的教学内容进行教案设计。教学设计应贴合学生心理及生理现状，符合学生的实际需求，以激发学生学习热情，引导学生树立正确的人生观、价值观和世界观。例如选择与学生身体素质相关的基本动作练习作为学生个人成长展示的表演；选择学生参与度较高的单组动作作为学生组织力的表演；选择学生个人特长动作环节作为提高学生自信心的表演等。

在教学过程中，学生消耗大量的体力和脑力，会不可避免地产生一定的运动负荷，产生运动疲劳。为此，在学生表演过程中，教师需时刻关注学生的机体状态，以免出现运动损伤。在学生表演结束以后，教师应公正客观地进行点评，对不同的

---

① 姬上兵.现代体育学习方式的特性及与传统体育学习方式的整合［J］.体育学刊，2013（5）：86-88.

学生采取不同的指导方式，以达到更好的改进效果。对表演过程中出现问题的学生，教师应该细致观察学生状态，结合实际分析问题产生的原因，提出具有可行性的改进办法。

在体育教学中，学生的体育兴趣是影响学生学习自觉性、积极性的重要因素，学生的学习兴趣一经激发，就会产生聚精会神的注意力、愉快的学习情绪，对提高学习效果有着不可忽视的作用。[1] 即便如此，教师仍需时刻注意把握表演过程中的趣味性和教学性之间的尺度，尤其是在表演结束后的点评阶段。教师需要认真观察学生表演的情况，关注学生的运动动机，结合学生的身体素质等情况进行分析，进而给出有针对性的指导意见。通过这种方式充分调动学生学习课间操的积极性，配合学生自身状况，让学生更加准确地掌握动作。

体育学习方法一直都是体育教学方法改革与开发的重点，但由于个体差异性和隐蔽性等特性，使得体育学习方法一直进展缓慢，出现"提倡的多，实践的少"的现象[2]。对此，本书提出的以上三种学习方法仅为学生学习提供参考，需要学生在具体的实践过程中结合自身情况灵活采用，才能将其作用发挥到最大。此外，"授人以鱼，不如授人以渔；授人以渔，不如让人亲身体验。"[3] 通常来说，每一种练习方法都有其自己的教学目标，有的旨在使学生掌握课间操的具体动作，有的旨在改掉学生错误的技术动作，有的旨在巩固学生习得的课间操内容[4]。本书所提出的学法在具体的实践过程中，师生双方都应该从自身出发，结合外部环境条件，合理合适地选用学习方法，并将其进一步改进成适宜自身发展的学习方法。

① 孙恩民.运用引趣教学法教学效果好［J］.教育与职业，2005（26）：77–78.
② 董文梅，毛振明.刍议体育学习方法［J］.西安体育学院学报，2005（4）：88–93.
③ 甘淮海.质疑"授人以鱼，不如授人以渔"［J］.中学政治教学参考，2013（Z2）：13.
④ 郁庆定、王惠敏，罗明凤，等.大健康进校园：阳光体育课间操［M］.北京：人民体育出版社，2017.

第四章

特色体能课间操的组织

第一节　特色体能课间操组织的要素与形式

我国中小学课间操自开展以来成效显著，课间操的发展和实施极大地提高了学生参与体育的乐趣，增强了身体素质，更加促进了师生、生生之间的有效互动。课间操的良好开展离不开精细的组织与实施，课间操组织实施过程的方案、要素、形式是影响课间操高效进行的重要因素。

一、组织方案的要素

1. 指导思想

指导思想是课间操活动方案的首要组成部分，对课间操的创编及活动组织的成效具有极其重要的作用。宏观来讲，在新时代背景下，学校体育（课间操）工作均要以习近平新时代中国特色社会主义思想为指导思想，以教育部、国家体育总局等部门的相关文件精神为工作方针，以地方教育部门相关政策文件为行动指南。

2. 时间

相关实践证明，一所学校要有效地组织开展大课间体育活动，时间的设置是非常重要的一个环节[①]。课间操推行以来，在全国中小学得到广泛推广，课间操也成为中小学生每天要完成的基本任务。课间操的时间长短与活动内容的编排和运动强度直接相关，不同地区有着相对的差异性，但都要保证满足学生每天所需锻炼时间（运

---

① 徐辉，周妹，陈庆国. 学校课间操组织与实施的创新［J］. 教学与管理，2015（13）：71–73.

动量）。在以人为本的教学背景下，课间操的时间安排应具备一定的科学性。就现实来讲，一般课间操安排在周一至周五的上午，同时因地方差异和课间操具体内容的不同，课间操时间也可安排在下午或是因课间操具体内容进行详尽安排。

3. 场地

在阳光体育开展的背景下，各校大力创新活动载体，开展大课间体育活动，激发学生锻炼兴趣。在特色体能课间操的实施过程中，要充分考虑到场地问题，在不具有充分条件开展特色体能课间操的学校，要根据学校具体环境做进一步的调整，例如，在污染严重地区或是环境天气恶劣导致课间操无法正常实施，抑或是偏远地区受制于学生多、场地小，课间操体育锻炼施展不开，或者部分学校的体育设施不完善甚至没有操场等情况下，学校要充分、灵活地利用好现有条件进行教学，例如，把课间操锻炼的场地设置为教室，结合教室里的书桌和椅子，利用教室的空间布局来创编操化动作和游戏，从而达到锻炼效果。

4. 器材

在中小学课间操实际开展情况中，课间操的相关辅助器材大多以"三大球"（篮球、足球、排球）以及体操垫和跳绳为主，通过对系列体操动作的结合，从而创新具有项目运动特色的课间操锻炼形式。近年来，随着美育和体育越来越受重视，探索中小学体育锻炼的有效路径，也成为社会广泛关注的话题。随着社会的发展，课

图 4-1　贵州省铜仁市思南县许家坝第二小学"土家花灯戏"课间操

间操不断创新内容与形式,与之相关的辅助器材也不断更新。比如为了响应国家"阳光体育"的号召,丰富学生大课间活动的内容,传承民族传统体育文化,贵州省铜仁市思南县许家坝第二小学于 2017 年 9 月创编了一套"土家花灯戏"课间操,将属于第一批国家级非物质文化遗产名录的土家花灯戏融入其中,10 分钟的课间操展示了花灯戏的多个基本动作(如图 4-1 所示 ①),让具有地域特色的传统文化与课间操相融合,促进了学校大课间活动的开展,同时丰富了大课间活动的内容。

5. 主体

根据教育部、国家体育总局、共青团中央等部门发布的《学校体育工作条例》《教育部关于落实保证中小学生每天体育活动时间的意见》《关于开展全国亿万学生阳光体育运动的决定》《关于进一步加强学校体育工作的若干意见》等文件可知,学校课间操的主体是学校全体师生,通常以各年级、班级为单位,由班主任带领本班学生到达指定场地开展大课间活动。以九江市鹤湖学校为例,由于是九年一贯制义务教育,大课间操活动分为小学部和中学部,二者同时进行。其中,小学部在班主任带领下进行广播体操和体能游戏,中学部七年级和八年级在班主任的带领下进行课间操和跑操,九年级学生则进行跑操和专项素质练习。

二、活动形式及内容

1. 内容形式

大课间操锻炼的具体形式没有相对固定的要求,模式的可创新性强,学校需要在立足校本教育的基础上进行创新与发展。同时,各学校也可根据不同年级设置具体内容形式,根据学生身心特点以及兴趣差异或者年龄等实际情况采取不同的内容形式。例如九江市鹤湖学校,低年级的学生开展相关身体柔韧性运动项目,而高年级的学生开展一些强度略大的项目,如此,不仅丰富了学校大课间体育活动的内容,还能够有效调动学生参与的积极性。

---

① 瞿宏伦.贵州一小学课间操融入土家花灯戏　拿扇子舞步独特［EB/OL］.广西新闻网,2018-12-05.http://news.gxnews.com.cn/staticpages/20181205/newgx5c0794d7-17865744-4.shtml.

表 4-1   活动形式及内容

入场（固定）8 分钟各年级以班级为单位到达指定的活动场地（运动员进行曲）	小学内容 1（多选一）热身内容 1. 绳操 2. 足球操 3. 垫上操	小学内容 2（多选一）体能内容 1. 广播体操 2. 体能游戏	集体内容 3（固定）拉伸内容对颈肩胸腰及四肢充分拉伸可做操及配乐5-8 分钟	出场（固定）8 分钟各年级以班级为单位有序返回
	中学内容 1（多选一）热身内容 1. 跑操 2. 绳操 3. 垫上操	中学内容 2（多选一）体能内容 1. 广播体操 2. 体能训练		

2.场地分配

在我国学校大课间操的组织形式中，通常采用学校统一集中学生锻炼的形式，学生人数较多。因此对场地的分配以及进退场路线都需要进行明确规定，从而保证队伍人群能够井然有序，为了课间操的整体效果还应对退场的队形做统一要求。以九江市鹤湖学校为例，大课间活动针对不同年级进行场地的合理分配与规划，有效利用相关场地资源，进行大课间体育锻炼活动。

表 4-2   大课间操活动场地安排

年级	活动项目	活动场地
一、二年级	广播体操、体能游戏	篮球场、小学楼前主干道
三、四年级		篮球场、行政楼前主干道
五、六年级		篮球场、食堂前主干道
七、八年级	特色课间操、跑操	田径场
九年级	跑操、专项素质训练	田径场

第二节   特色体能课间操组织的实施过程

特色体能课间操属于阳光体育大课间活动的一种具体表现形式，在组织和实施的过程中，要遵循一定的客观条件和上级教育行政主管部门制定的相关目标要求。而开展这项工作的人员往往以学校体育组、政教处或德育处为主。在我们学习生活十几年的校园中，课间操运动也是我们学生时期练习最为普遍、广泛的运动。但是谈及特色体能课间操的开展，我们还是需要按照各个学校的实际情况，采取"一校一策"符合学情的开展方式。为了让学习者更好地从根源上了解特色体能课间操，也为了更好地促进特色体能课间操的发展，在此对特色体能课间操的组织和实施过程进行阐述。

一、准备工作

课间操作为一项学生每天必须参加的体育活动，其有效开展能使学生在紧张的学习氛围中缓解压力，提高学习效率；同时学生通过课间操使得身体各部分得到锻炼，有利于身体健康。

准备工作作为一切活动开始的前提，是活动开展前最为重要的工作内容。在准备过程中，组织者需先确定开展内容、场地、时间、对象及天气等因素，并制定好详细的开展流程及危险情况应急预案，以保障活动的顺利开展和应对突发的运动损伤类事件。

天气因素：应排除雨雪冰雹天、高温或低温天气、雾霾天气及PM2.5浓度超过当地警戒值的天气。

内容选定：内容应多样化，以中等强度练习为主，并遵循准备部分、基本部分、结束部分的基本准则，帮助参与者调整身体状态，预防运动损伤。

场地要求：根据练习的项目和对准备的要求，应提供人均间隔1.5米以上的室外空旷场地，地面应为软性材质，防止准备活动时发生意外伤害事故。

时间要求：应尽量选定上午10：30分以前的时间进行开展，符合科学性时间安排。

开展对象：应按照体育新课程标准内容中学生体育水平等级划分来开展，具体为从水平一至水平五安排不同运动强度的内容。

音乐选择[①]：音乐是课间操的灵魂，好的音乐设计不仅可以活跃气氛，振奋精神，展现激情，提高练习者兴趣，还能给练习者一种想象力和创造力。创编时要选择适合练习者特点、与主题风格相近的乐曲，要有震撼力或能调动练习者的情绪。

二、器材发放与回收

体育器材、师资力量等资源条件制约着体育课堂的学习效果，相关体育设施的缺失，不利于学生积极主动地融入体育活动中，器材对于课间操的正常进行具有极

---

① 张旭平.中小学特色课间操的创编原则及方法［J］.甘肃教育，2017（17）：72.

其重要的作用，器材相对健全、合理有效，可以很大程度提高学生参与课间操的积极性以及课间操本身的趣味性。

特色体能课间操除徒手内容以外，也有丰富的垫上、球类及器械运动的内容。学校层面应积极为课间操的有序进行做好保障，相关具体实施方案应该提前一周通知，确定下周开展内容，并以班级为单位，发放或自行准备器材。对于器材的发放和回收，应于开展当天由班干部协助老师将器材带到场地并发放；在课间操结束后，应以班级为单位，由班主任引导、体育委员负责带领同学清点本班所用器材，将其带回或归还至器材室。

三、班级就位与返回

特色体能课间操的空间划分，应以班级为单位提前一周划分固定区域，并让班主任及带队学生提前熟悉路线及所在区域，确保当天出操顺利，并防止踩踏事件、班级迟到或找不到集合区域的情况发生，学校层面可在课间操在场地中圈定范围并固定明显区域标识。班级返回路线，原则上从低年级至高年级随退场音乐返回教室，路线以进场路线为参照，原路返回，并提醒学生，回到教室前勤洗手，楼梯上勿推操，不在非规定时间随意玩耍课间操所使用的器械。

四、实时引导

在实施过程中，对体能动作的监督及引导，应该以班主任为主，体育老师为辅，前期需要利用体育课的时间，充分指导学生练习规范的技术动作，并纠正练习过程中存在的错误动作。在特色体能课间操开展的前期，所有体育老师应当对不同班级进行巡视指导、检查纠正，尽最大可能杜绝安全隐患。

中小学体育大课间活动的开展，对学生和学校教育来说都有着极其重要的意义。中小学生在年龄上正处于成长发育的重要阶段，是养成良好运动习惯以及培养创新思维的关键时期，学校教育的重点不仅要集中在文化课上，还要重视体育运动，因此构建一个具有长效性和稳定性的特色体能课间操机制非常有必要[①]。这需要师生共同配合、相互协作，共同推动大课间活动的平稳进行。

---

① 王浩．小学体育大课间活动长效机制的构建［J］．田径，2020（5）：10-11.

第二部分

实践部分

第五章

小学课间操活动方案与动作图解

第一节　活动方案

本书以习近平新时代中国特色社会主义思想为指导思想，以教育部、国家体育总局、共青团中央等部门发布的《学校体育工作条例》《教育部关于落实保证中小学生每天体育活动时间的意见》《关于开展全国亿万学生阳光体育运动的决定》《关于进一步加强学校体育工作的若干意见》等为工作方针，以《江西省人民政府办公厅关于转发省教育厅等部门关于进一步加强学校体育工作实施意见的通知》等为行动指南，制定此特色体能课间操活动方案。

2020 年 4 月 21 日，习近平总书记对陕西省安康市平利县老县镇中心小学五年级一班的孩子们说："文明其精神，野蛮其体魄，我说的'野蛮其体魄'就是强身健体。"所以，基于学生身心健康需要，本课间操活动以"强身健体，特色与体能并行"为理念，坚持课间操与学校体育事业相结合、与校园文化品牌相结合、与地域传统文化相结合的原则。

一、场地：田径场（200 米跑道）、足球场、篮球场、小广场、环形停车场过道 100 米 [①]。

二、器材：短跳绳（一、二年级学生自备）、足球（三、四年级学生自备）、瑜伽垫（五、六年级学生自备）、足球标志碟。

[①]　注释：本小学课间操活动方案的场地器材、参与人员等信息以江西省赣州市红旗大道第二小学为例。

三、时间：周一至周五 16：00–16：30（每天大课间活动时间），各年级分区域同时进行。

四、参与对象：各年级学生全员参与。

五、组织主体：各班班主任、体育教师、安保人员。

六、组织流程和活动项目与方法

（一）总体流程

1. 各年级从教室有序整队、出队到达各班指定位置站好（5 分钟）；

2. 分区域组织带领各年级进行特色课间操活动（10 分钟）；

3. 各年级班主任教师和负责本区域的体育教师组织带领跑操活动（10 分钟）；

4. 身心调整好，由体育教师强调运动后注意事项，各班班主任组织带领各班学生有序放学（5 分钟）。

（二）活动项目与方法

一年级：绳操；跑操。于停车场，每班站四列，统一面向升旗台方向。教师提前定点，固定排头学生站位，绳操结束后将跳绳绑身上，项目负责教师整队准备围绕停车场进行跑操练习。

二年级：绳操；跑操。于小广场，每班站四列，统一面向升旗台方向。绳操结束后将跳绳绑身上，项目负责教师整队带领学生围绕停车场进行跑操练习。

三、四年级：足球操；跑操。于篮球场，每班站两列。体育教师提前摆放布置好标志碟，足球操结束后将足球放于标志碟上固定，确保足球滚动不会影响学生安全，项目负责教师整队带领学生围绕足球场进行跑操练习。

五、六年级：垫上体能操；跑操。于足球场，每班站四列。项目负责教师提前定点，固定排头学生站位，垫上操结束后各班组织收好垫子原地放好后，项目负责教师整队带领学生集体按班级顺序（六年级—五年级）围绕跑道进行跑操练习。

【重点说明】一、二年级跑操结束后，各班班主任有序将学生带回教室，调整休息，准备放学；三至六年级学生跑操结束后，由班主任（或体育骨干）组织带回至各班课间操场地，再统一带器材回教室，调整休息，准备放学。

表 5-1　红旗二小（三明路）学生人数统计表

班级	总数	年级总人数
时间：2019 年 9 月 3 日		
11	52	
12	53	
13	55	268
14	54	
15	54	
21	50	
22	48	
23	50	
24	50	297
25	50	
26	49	
31	53	
32	53	
33	53	
34	50	314
35	53	
36	52	
41	59	
42	62	
43	61	
44	62	356
45	55	
46	57	
51	58	
52	54	
53	55	
54	54	
55	57	444
56	54	
57	57	
58	55	

续表

时间：2019 年 9 月 3 日		
班级	总数	年级总人数
61	54	205
62	51	
63	49	
64	51	
汇总	1884	1884

七、站位示意图

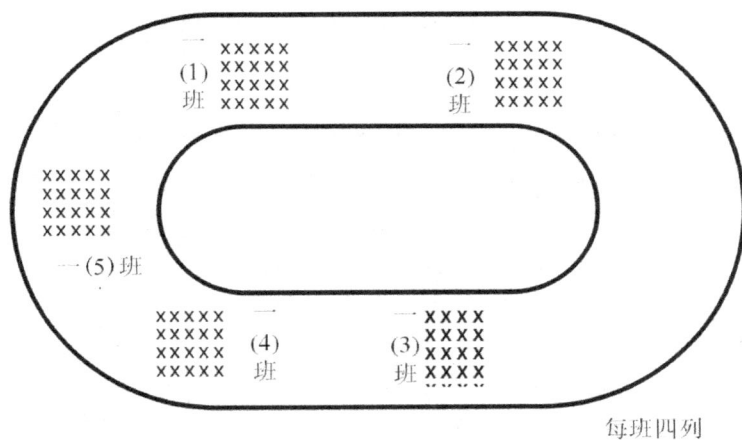

图 5-1　一年级绳操小足球场站位示意图

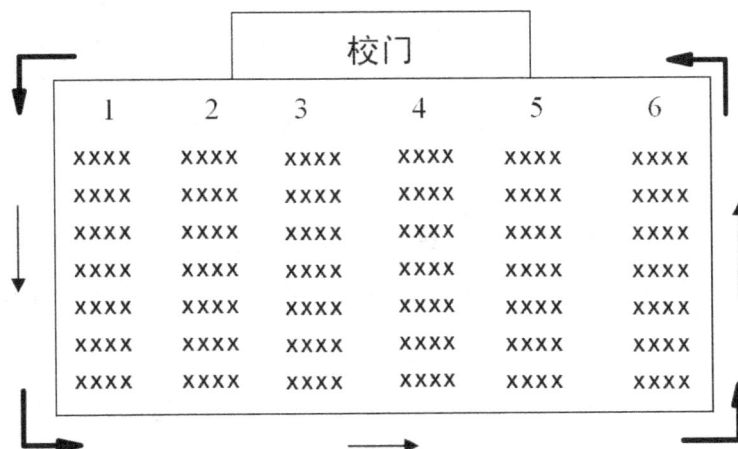

图 5-2　二年级小广场绳操站位示意图

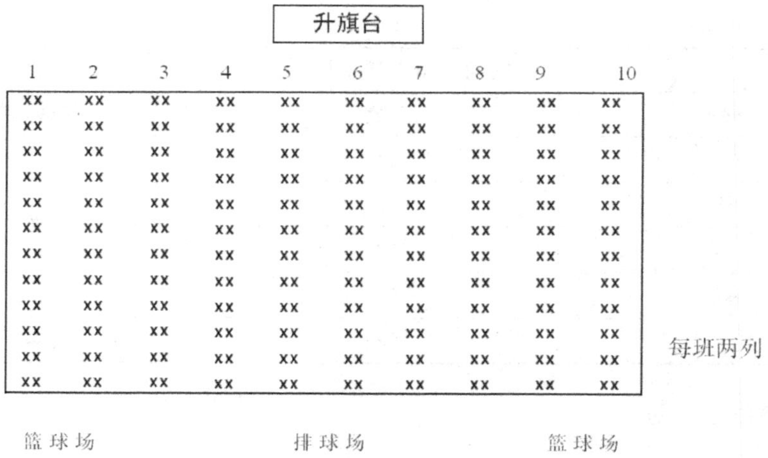

升旗台

1	2	3	4	5	6	7	8	9	10
xx	xx	xx	xx	xx	xx	xx	xx	xx	xx
xx	xx	xx	xx	xx	xx	xx	xx	xx	xx
xx	xx	xx	xx	xx	xx	xx	xx	xx	xx
xx	xx	xx	xx	xx	xx	xx	xx	xx	xx
xx	xx	xx	xx	xx	xx	xx	xx	xx	xx
xx	xx	xx	xx	xx	xx	xx	xx	xx	xx
xx	xx	xx	xx	xx	xx	xx	xx	xx	xx
xx	xx	xx	xx	xx	xx	xx	xx	xx	xx
xx	xx	xx	xx	xx	xx	xx	xx	xx	xx
xx	xx	xx	xx	xx	xx	xx	xx	xx	xx

每班两列

篮球场　　　　　　　　排球场　　　　　　　　篮球场

图 5-3　三、四年级足球操站位示意图

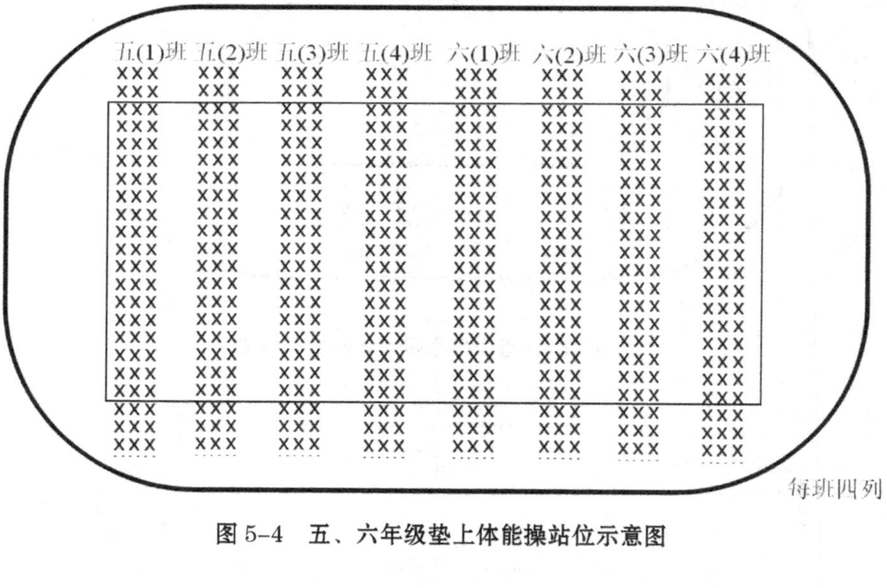

五(1)班　五(2)班　五(3)班　五(4)班　六(1)班　六(2)班　六(3)班　六(4)班

每班四列

图 5-4　五、六年级垫上体能操站位示意图

以上场地内，学生面向升旗台，铺满整个场地，进行足球操、器械操后，将器械有序摆放好，学生统一向右转，成一路纵队围绕整个场地进行跑操练习。

八、跑操示意图

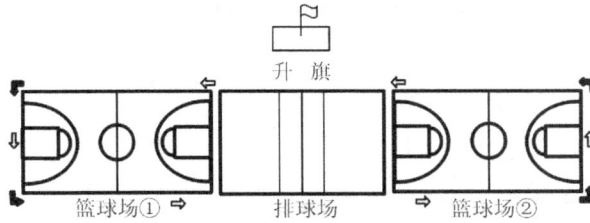

图 5-5 篮球场跑操示意图

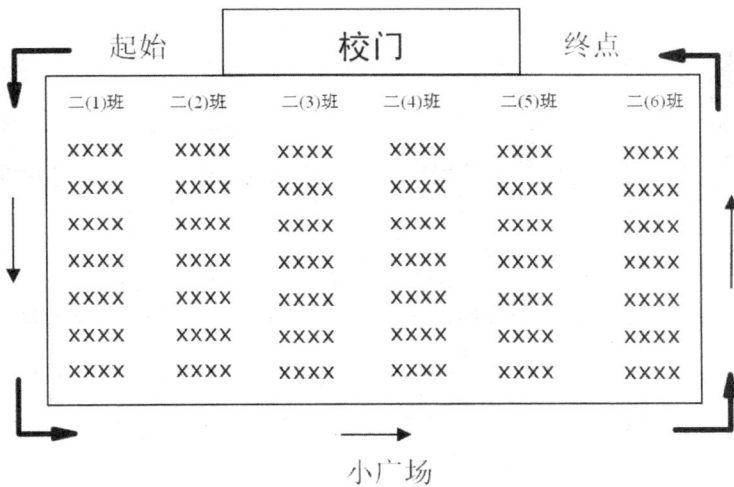

图 5-6 小广场跑操示意图

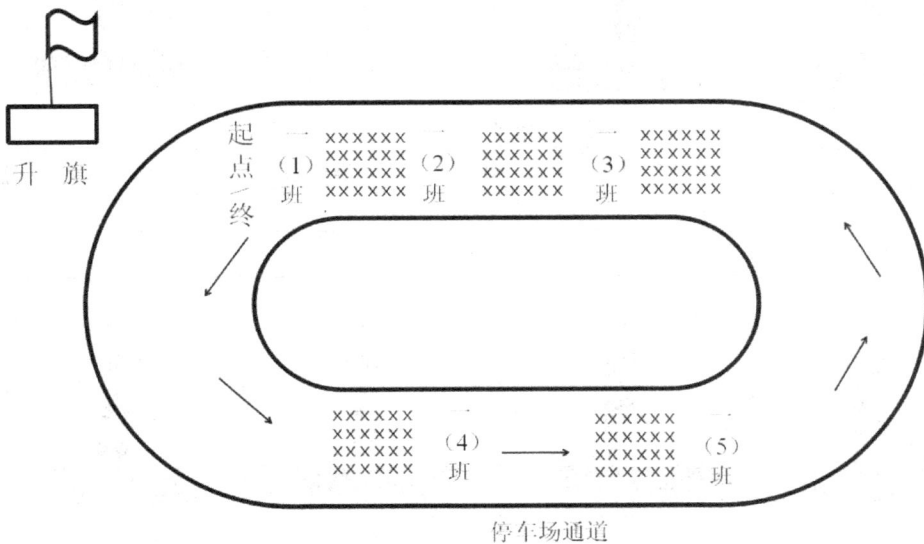

图 5-7 停车场跑操示意图

第二节 《绳操》动作图解

适用：水平一　共：50×8 拍

（参考标准向右）

第一组合：4×8 拍

第一个 8 拍			
1-8 拍			
动作说明	1-8 拍	左右屈膝点地，第 1-2 拍右脚向右侧迈一步，左脚并右脚重心下沉，第 3-4 拍动作相同，方向相反，手摆出 X 形绳网随着身体移动方向摆动（动作同一个 8 拍）	
第二个 8 拍			
1-8 拍			
动作说明	1-8 拍	手保持 X 形绳网于身体正上方，脚上进行原地踏步，身体运动方向为逆时针	
第三个 8 拍			
1-2 拍	3-4 拍	5-8 拍	

动作说明	1–2 拍	右腿后迈一步弓步，手保持 X 形绳操姿势
	3–4 拍	起身恢复直立姿势
	5–8 拍	面带微笑保持立正姿势

第四个 8 拍
1–8 拍

动作说明	1–8 拍	手收绳网，脚上进行原地踏步收绳网节奏与踏步节奏一致，同时身体保持直立姿态，平视前方，面带微笑

第二组合：4×8 拍

第一个 8 拍

1–2 拍	3–4 拍	5–6 拍	7–8 拍

动作说明	1–2 拍	右脚向右勾脚点地，略微收腹，手水平向右，右手直左手屈，头靠右肩
	3–4 拍	身体直立，绷直绳体放于髋前
	5–6 拍	左脚向右勾脚点地，略微收腹，手水平向左，左手直右手屈，头靠左肩
	7–8 拍	身体直立，绷直绳体放于髋前

第二个 8 拍同第一个 8 拍，动作相同，方向相反。

第三个 8 拍

1–2 拍	3–4 拍	5–6 拍	7–8 拍
动作说明	1–2 拍	脚向右迈一步，手水平举过头顶，目光看向绳		
	3–4 拍	将绳放在颈后，右手直左手屈，目光看向右		
	5–6 拍	恢复到第 2 拍结束动作，动作同 1–2 拍，方向相同		
	7–8 拍	保持站立姿势，绳体放于髋前		

第四个 8 拍同第三个 8 拍，动作相同，方向相反。

第三组合：4×8 拍

第一个 8 拍			
1–2 拍	3–4 拍	5–6 拍	7–8 拍
动作说明	1–2 拍	脚向右迈一步，手绷直绳体体前水平举	
	3–4 拍	脚保持不动，上体向右转 90° 且右手直左手屈，目光跟随绳体	
	5–6 拍	第 5–6 拍恢复到第 2 拍结束动作	
	7–8 拍	保持站立姿势，绳体放于髋前	

第二个 8 拍第一个 8 拍，动作相同，方向相反。

第三个 8 拍			
1–2 拍	3–4 拍	5–6 拍	7–8 拍
动作说明	1–2 拍	左脚向前做弓步，手绷直绳体水平放于体前，目光看向绳体	
	3–4 拍	手绷直绳体向体前上方 45° 移动，眼随手动	
	5–6 拍	恢复到第 2 拍结束动作	
	7–8 拍	保持站立姿势，绳体放于髋前	

第四个 8 拍同第三个 8 拍，动作相同，方向相反。

第四组合：4×8拍

第一个 8 拍			
1–2 拍	3–4 拍	5–6 拍	7–8 拍
动作说明	1–2 拍	右脚向前迈一步，身体重心前移，目光看向绳体	
	3–4 拍	左腿提膝，手绷直绳体收于腰外 10—20cm，目光跟随绳体	
	5–6 拍	恢复到第 2 拍结束动作	
	7–8 拍	保持站立姿势，绳体放于髋前	

第二个 8 拍第一个 8 拍，动作相同，方向相反。

第三个 8 拍			
1–2 拍	3–4 拍	5–6 拍	7–8 拍
动作说明	1–2 拍	左脚向左迈一步成开立，略微收腹部，双手持绳于胸前平屈	
	3–4 拍	左脚向左点地，脚尖向左，身体重心转向右脚，微屈右膝，脚尖朝前，身体直立，双手向左成弓箭手	
	5–6 拍	右脚向右迈一步，双手持绳前平举	
	7–8 拍	身体直立，双手持绳于髋前	

第四个 8 拍同第三个 8 拍，动作相同，方向相反。

第五组合：4×8 拍

第一个 8 拍			
1–2 拍	3–4 拍	5–6 拍	7–8 拍
动作说明	1–2 拍	身体垂直跳跃呈马步，手绷直绳体，小臂垂直地面，目光跟随绳体	
	3–4 拍	保持站立姿势，绳体放于髋前	
	5–6 拍	身体垂直逆时针旋转跳跃呈马步，手绷直绳体，小臂垂直地面，目光跟随绳体	
	7–8 拍	保持站立姿势，绳体放于髋前	

第二个 8 拍同第一个 8 拍，动作相同，方向相反。

第六组合：4×8 拍

第一个 8 拍			
1–2 拍	3–4 拍	5–6 拍	7–8 拍
动作说明	1–2 拍	原地踏步，双手持绳于胸前平举	
	3–4 拍	原地踏步，双手持绳经胸前上举，眼随手动	
	5–6 拍	原地踏步，双手持绳经胸前平举	
	7–8 拍	原地踏步，双手持绳于绳体放于髋前	

第二个 8 拍			
1–2 拍	3–4 拍	5–6 拍	7–8 拍

动作说明	1–2 拍	脚向右迈一步，手绷直绳体体前旋转 90°
	3–4 拍	保持站立姿势，绳体放于体前
	5–6 拍	脚向左迈一步，手绷直绳体体前旋转 90°
	7–8 拍	保持站立姿势，绳体放于髋前

第三个 8 拍			
1–8 拍			

动作说明	1–8 拍	解绳跨过绳体，向前摇绳至右脚下，保持停绳动作，进入跳绳准备阶段

第四个 8 拍			
1–2 拍	3–4 拍	5–6 拍	7–8 拍

动作说明	1–2 拍	向前摇绳将绳踩在脚下，停绳准备
	3–4 拍	
	5–6 拍	左右侧摆头
	7–8 拍	

第七组合（1×8拍）

一个8拍调整姿势，进入跳绳状态

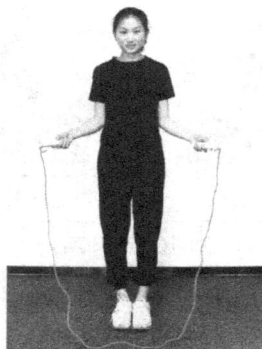

第八组合：4×8拍

第一、二个8拍			
1-8拍			
动作说明	1-8拍	双脚并脚跳：两手持绳向前摇绳，双脚并拢跳跃过绳，膝盖微弯曲状态，当绳子快打地时，双脚跳过绳，一拍一动，完成并脚跳	
第三、四个8拍			
1-8拍			
动作说明	1-8拍	开合跳：两手持绳向前摇，当绳子过脚置于空中时，两脚跳跃成开，膝盖微弯曲状态；当绳子快打地时，两脚成合并跳过绳，一拍一动，完成开合跳	

第九组合：4×8 拍

第一、二个 8 拍			
1–8 拍			
动作说明	1–8 拍	弓步跳：两手持绳向前摇，当绳子过脚置于空中时，两脚分开成前后弓步动作；当绳子打地快过脚时，双脚并拢跳过绳，一拍一动，完成弓步跳	

第三、四个 8 拍			
1–6 拍			7–8 拍
动作说明	1–6 拍	并脚左右跳：两手持绳向前摇，当绳子过脚置于空中时，双脚并拢向右、左边跳，一拍一动，完成并脚左右跳	
	7–8 拍	左脚勾脚点地停绳，双手持绳柄于体侧	

第十组合：4×8 拍

第一、二个 8 拍			
1–6 拍			7–8 拍
动作说明	1–6 拍	双脚交换跳：两手持绳向前摇绳，双脚分先后依次向前抬起跳跃过绳，一摇一跳，连续完成双脚交换跳	
	7–8 拍	左脚勾脚点地停绳，双手持绳柄于体侧	

第三、四个 8 拍			
1–6 拍			7–8 拍

动作说明	1–6 拍	后屈腿跳：两手持绳向前摇，当绳子过脚置于空中时，一脚向后折叠后踢，另外一脚直立跳跃过绳，反之为另外一脚折叠后踢，一脚直立跳跃过绳（一拍一动，动作同第二个 8 拍）
	7–8 拍	左脚勾脚点地停绳，双手持绳柄于体侧

第十一组合：1×8 拍

第一个 8 拍			
1–2 拍	3–4 拍	5–6 拍	7–8 拍

动作说明	1–2 拍	立正姿势，双手持绳于身体两侧
	3–4 拍	双手收绳于体前并将绳对折
	5–6 拍	立正姿势，双手持绳于体前旋转 90°
	7–8 拍	立正姿势，双手持绳于体前

第十二组合：4×8 拍

第一至四个 8 拍			

1~1-8 拍 [1]		
动作说明	1~1-8 拍	双人合作并腿跳绳：双人根据摇绳节奏同时并腿跳一次，两拍一动
2~1-8 拍、3~1-8 拍、4~1-8 拍与 1~1-8 拍动作相同		

第十三组合：8×8 拍

第一至四个 8 拍			
1~1-4 拍	1~5-8 拍	2~1-2 拍	2~3-4 拍

动作说明	1~1-8 拍	一人直立双手持绳，一人迎面走来准备合作跳绳，面带微笑
	2~1-8 拍	双人合作摇绳，每人并腿跳一次，两拍一动；5-8 拍同 1-4 拍
3~1-8 拍、4~1-8 拍与 2~1-8 拍动作相同		

第五、六个 8 拍			
5~1-2 拍	3-4 拍	5-8 拍	6-3-4 拍

动作说明	5~1-2 拍	面对面双人合作摇绳两拍
	5~3-4 拍	面对面双人合作摇绳两拍，一人同时腿高抬跨下交换手摇绳
	5~5-8 拍	动作方法同 1-2 拍
	6~1-2 拍	动作方法同 5~1-2 拍
	6~3-4 拍	面对面双人合作摇绳两拍，二人同时腿高抬跨下交换手摇绳
	6~5-8 拍	同 1-2 拍

---

[1] 注释："~"代表每一个八拍的动作解说，"-"代表一个八拍中的每一拍的动作解说，下文图解中的符号意义相同。

第七、八个 8 拍			
7~1-8 拍		8~1-8 拍	

动作说明	7~1-8 拍	合作收绳，把绳移交一人
	8~1-8 拍	身体保持直立姿态，收绳网，将绳对折整理，一手持柄，一手持绳端，双手持绷直绳体下举于腹前，眼视前方，面带微笑

第三节　《足球操》动作图解

适用：水平二　共：46×8 拍

（参考标准向右）

第一组合：2×8 拍

第一、二个 8 拍			
1-2 拍	3-4 拍	5-6 拍	7-8 拍

动作说明	1-2 拍	原地踏步，右手抱球于右侧，左手摆臂，一拍一动
	3-4 拍	原地踏步，右手抱球于右侧，左手摆臂，一拍一动
	5-6 拍	原地踏步，右手抱球于右侧，左手摆臂，一拍一动
	7-8 拍	原地踏步，右手抱球于右侧，左手摆臂，一拍一动
	第二个 8 拍同第一个 8 拍	

第二组合：4×8 拍

第一个 8 拍			
1–2 拍	3–4 拍	5–6 拍	7–8 拍

动作说明	1–2 拍	直臂胸前抱球原地踏步两拍
	3–4 拍	直臂头上举抱球原地踏步两拍
	5–6 拍	同 1–2 拍动作
	7–8 拍	直臂体前下举抱球原地踏步两拍

第二个 8 拍			
1–2 拍	3–4 拍	5–6 拍	7–8 拍

动作说明	1–2 拍	直臂胸前抱球原地踏步左转 90° 两拍
	3–4 拍	还原直臂胸前平举抱球原地踏步两拍
	5–6 拍	直臂胸前抱球平举原地踏步右转两拍
	7–8 拍	还原直臂胸前平举抱球原地踏步两拍

第三个 8 拍			
1–2 拍	3–4 拍	5–6 拍	7–8 拍

动作说明	1–2 拍	双手屈臂体前抱球原地踏步高抬，右大腿前侧顶球，两拍一动
	3–4 拍	双手屈臂体前抱球原地踏步高抬，左膝盖顶球，两拍一动
	5–6 拍	同 1–2 拍动作
	7–8 拍	同 3–4 拍动作

第四个 8 拍			
1–2 拍	3–4 拍	5–6 拍	7–8 拍

动作说明	1–2 拍	右脚后撤成弓步，将球放在体前地面
	3–4 拍	由撤步成弓步还原成直立
	5–6 拍	原地左右脚交替踩球
	7–8 拍	原地踏步成直立

第三组合：4×8 拍

第一至四个 8 拍			
1~1–8 拍		3~1–8 拍	

动作说明	1~1–8 拍	右脚脚背内外侧拨球
	2~1–8 拍	与 1~1–8 拍动作相同
	3~1–8 拍	左脚脚背内外侧拨球
	4~1–8 拍	与 3~1–8 拍动作相同，方向相同

第四组合：4×8 拍

第一、二个 8 拍			
1-4 拍		5-8 拍	
动作说明　1-4 拍	球置于体前地面，原地踏步同时左右脚交替踩球，两拍一动		
5-8 拍	同 1-4 拍		
第三、四个 8 拍			
1-4 拍		5-8 拍	
动作说明　1-4 拍	球置于体前地面，原地踏步同时左右脚交替踩球，一拍一动		
5-8 拍	同 1-4 拍		

第五组合：4×8 拍

第一至四个 8 拍			
1~1-8 拍至 4~1-8 拍			
动作说明　1~1-8 拍至 4~1-8 拍	左右脚脚内侧交替拨球，一拍一动，每个 8 拍开始时顺时针转 90°		

第六组合：4×8 拍

第一、二个 8 拍			
1–4 拍		5–8 拍	

动作说明	1–4 拍	球置于体前地面上，1–4 拍，原地并腿垫跳，左拳左侧叉腰，右拳由胸前向右上方 45° 方向挥直，一拍一动
	5–8 拍	5–8 拍右脚向右侧跨一大步，双臂胸前屈肘抱胸跨立
	第二个 8 拍同第一个 8 拍，方向相反	

第三、四个 8 拍			
1–4 拍		5–8 拍	

动作说明	1–4 拍	原地小步快频跑，一拍一动
	5–8 拍	右脚向右侧跨一大步，双臂胸前屈肘抱胸站立
	第四个 8 拍动作同第三个 8 拍练习一次。	

第七组合：4×8 拍

第一至四个 8 拍			
1~1–8 拍至 4~1–8 拍			

动作说明	1~1–8 拍至 4~1–8 拍	从 1~1–8 拍，左右脚交替踩球，四拍一动。每个 8 拍人绕球垫步跳逆时针转 90°，同时左右脚交替踩球各一次，四拍一动

第八组合：4×8 拍

第一至四个 8 拍			
1~1-8 拍	2~1-8 拍	3~1-8 拍	4~1-8 拍

动作说明	1~1-8 拍	双手相握贴于体背，右脚向左侧移动拨球，并左脚踩停
	2~1-8 拍	双手相握贴于体背，左脚向右侧移动拨球，并右脚踩停
	3~1-8 拍	双手相握贴于体背，右脚向前移动拨球，并左脚踩停
	4~1-8 拍	双手相握贴于体背，左脚向后侧移动拨球，并右脚踩停

第九组合：4×8 拍

第一至四个 8 拍			
1~1-8 拍至 4~1-8 拍			

动作说明	1~1-8 拍至 4~1-8 拍	两两配合，一人踩住球，一人练习正面踢定位球，1-4 拍踏步向前走踢球，5-8 拍往后退；第一、二个 8 拍练习脚背正面踢球，第三、四个 8 拍练习脚内侧踢球

第十组合：4×8 拍

第一至四个 8 拍			
1-2 拍	3-4 拍	5-6 拍	7-8 拍

动作说明	1~1-8 拍至 4~1-8 拍	从第一个 8 拍起，两人一组配合，一人用脚内侧传球，对方用前脚掌踩停，每个 8 拍用脚内侧传球一次和前脚掌停球一次；左右脚依次传球、停球交替进行

第十一组合：4×8 拍

第一、二个 8 拍			
1-2 拍	3-4 拍	5-6 拍	7-8 拍

动作说明	1~1-4 拍	右脚向右迈一步同时转体 90°，双手持球直臂上举过头顶
	1~5-8 拍	右脚收回并拢同时还原成直立，双手直臂下举抱球于体前
	2~1-4 拍	2~1-4 拍与 1~1-4 拍动作相同，但方向相反
	2~5-8 拍	2~5-8 拍与 1~5-8 拍动作相同，但方向相反

第三、四个 8 拍			
1-2 拍	3-4 拍	5-6 拍	7-8 拍

动作说明	1~1-2 拍	右脚向右迈一步同时右转 90°，双手持球直臂上举过头顶
	1~3-4 拍	左腿直腿由后向前向上踢，同时双手持球直臂由上举至斜下举，球触膝
	1~5-6 拍	左脚还原成直立，双手持球直臂上举过头顶
	1~7-8 拍	左脚收回与右脚并拢还原成直立，双手持球于体前斜下举
	2~1-4 拍	2~1-4 拍与 1~1-4 拍动作相同，但方向相反
	2~5-8 拍	2~5-8 拍与 1~5-8 拍动作相同，但方向相反

第十二组合：4×8 拍

第一至三个 8 拍			

1–2 拍		3–4 拍	5–6 拍	7–8 拍
动作说明	1~1–4 拍	双手抱球于胸前，向右前方 45° 助跑 3 步，同时右脚大小腿折叠后摆，大腿带动小腿向前摆动做一次脚背正面踢球动作		
	1~5–8 拍	双手抱球于胸前，慢步跑后退原路返回		
	2~1–4 拍	与 1~1–4 拍动作相同，但方向为左前方 45°		
	2~5–8 拍	双手抱球于胸前，慢步跑后退原路返回		
	3~1–4 拍	与 1~1–4 拍动作相同，但方向为正前方		
	3~5–8 拍	双手抱球于胸前，慢步跑后退原路返回		

第四个 8 拍			
1–2 拍	3–4 拍	5–6 拍	7–8 拍

动作说明	1–2 拍	双脚分腿跳步成开立，同时双手持球于胸前至上举
	3–4 拍	持球右斜上举，转身
	5–6 拍	双手直臂由上举抱球逆时针体前环绕一周，上身前屈
	7–8 拍	持球由下至上，左斜上举，转身

第四节　《体能操》动作图解

适用：水平三　共：66×8 拍

（参考标准向右）

第一组合：4×8 拍

第一、二个 8 拍			
1–2 拍	3–4 拍	5–6 拍	7–8 拍

动作说明	1–2 拍	直立，双脚并拢，双手经体侧至侧平举，掌心向下
	3–4 拍	直立，双脚并拢，双手经侧平举至上举后并拢，掌心相对
	5–6 拍	还原成 1–2 拍动作
	7–8 拍	同 1–2 拍动，并还原直立姿势
2~1–8 拍同 1~1–8 拍动作		

第三、四个 8 拍			
1–2 拍	3–4 拍	5–6 拍	7–8 拍

动作说明	1–2 拍	右脚向右迈一步成开立，两手经体侧至上举后屈肘双手抱在脑后，并头前屈
	3–4 拍	双脚慢慢提踵踮起，由手屈肘抱头后经伸直至上举，双手十指交叉，掌心朝上，并抬头仰视
	5–6 拍	双脚还原成开立，同时双手还原成侧平举，掌心朝前
	7–8 拍	还原直立姿势
4~1–8 拍同 3~1–8 拍动作		

第二组合：6×8 拍

第一、二个 8 拍			
1~1–4 拍	1~5–8 拍	2~1–4 拍	2~5–8 拍

动作说明	1~1–4 拍	双脚开立，双手经体侧至体后屈臂，十指相交叉贴背后，头前屈
	1~5–8 拍	双脚保持开立，双手体后屈臂贴背经直臂拉开至后下举，十指相交叉，同时头后仰
	2~1–4 拍	双脚保持开立，由直臂后下举还原成体后屈臂，十指交叉贴背，头前屈
	2~5–8 拍	还原成直立

第三至六个 8 拍			
3~1-4 拍	3~5-8 拍	4~5-6 拍	4~7-8 拍

动作说明	3~1-4 拍	右脚向右迈一步成开立，同时双手经体侧至上举，掌心向前
	3~5-8 拍	双脚保持开立，上体前屈，双臂保持伸直至触地面，掌心向内
	4~1-4 拍	与 3~1-4 拍动作相同
	4~5-6 拍	双脚并拢成直立，双手经上举成侧平举，掌心朝前
	4~7-8 拍	还原成直立
	5~1-8 拍动作同 1~1-8 拍 6~1-8 拍动作同 3~1-8 拍	

第三组合：4×8 拍

第一、二个 8 拍			
1~1-4 拍	1~5-8 拍	2~1-4 拍	2~5-8 拍

动作说明	1~1-4 拍	双脚并拢屈膝半蹲，同时双臂经体侧至前平举，掌心相对
	1~5-8 拍	双腿还原成直立，左手保持前平举，右手经前平举至上举，掌心向内
	2~1-4 拍	双脚并拢屈膝半蹲，同时上身与头部侧转 90°，左手保持前平举，右手由上举成后平举，掌心朝外
	2~5-8 拍	上半身回转 90° 成直立姿势，右手收回与左手一起成前平举，掌心相对
	3~1-8 拍与 1~1-8 拍动作相同，但方向相反 4~1-8 拍与 2~1-8 拍动作相同，但方向相反	

第四组合：4×8拍

第一、二个8拍			
1~1–4拍	1~5–8拍	2~1–4拍	2~5–8拍

动作说明	1~1–4拍	双脚并拢屈膝半蹲，同时手臂经体侧至前平举，掌心相对
	1~5–8拍	由屈膝半蹲成提踵直立，同时双臂经前平举至侧平举，掌心向下
	2~1–4拍	右脚向右迈一步并屈膝半蹲，同时双手经体侧至胸前平屈，右手在上
	2~5–8拍	还原成直立姿势
	3~1–8拍与1~1–8拍动作相同，方向相反 4~1–8拍与2~1–8拍动作相同，方向相反	

第五组合：4×8拍

第一、二个8拍			
1~1–4拍	1~5–8拍	2~1–4拍	2~5–8拍

动作说明	1~1–4拍	左脚向前迈一步，右脚脚尖点地，同时双手经体侧至前平举，掌心相对
	1~5–8拍	重心前移至左脚，同时手臂由前平举经体侧至侧平举，掌心向前
	2~1–4拍	上肢、下肢动作保持不变，重心继续前移至左脚支撑，收腹挺胸抬头，右脚脚尖点地
	2~5–8拍	重心继续前移至左脚支撑，右脚慢慢抬起，双手保持不变成燕式平衡动作
第三、四个8拍		

3~1-8 拍	4~1-4 拍	4~5-6 拍	4~7-8 拍

动作说明	3~1-8 拍	保持燕式平衡一个 8 拍
	4~1-4 拍	由燕式平衡还原成同 2-1~4 拍动作
	4~5-6 拍	还原成同 1~5-8 拍动作
	4~7-8 拍	还原成直立

第六组合：4×8 拍

第一、二个 8 拍			
1~1-4 拍	1~5-8 拍	2~1-4 拍	2~5-6 拍

动作说明	1~1-4 拍	左脚向前上一步，重心前移，右脚脚尖点地，同时双手经体侧至前平举，掌心相对
	1~5-8 拍	左脚直腿站立支撑，右脚经后至前提膝高抬，脚尖朝下，同时手臂由前平举至侧平举，掌心向下
	2~1-4 拍	下肢保持不变，左手由侧平举至上举，掌心向内，右手经侧平举到下举至右腿外侧，掌心向内
	2~5-6 拍	下肢保持不变，双手还原成侧平举，掌心向下
	2~7-8 拍	还原成直立

第三、四个 8 拍			

3~1-4 拍	3~5-8 拍	4~1-4 拍	4~7-8 拍
动作说明	3~1-4 拍	双脚并拢直立，双手经体侧至侧上举，掌心相对，同时头后仰	
	3~5-8 拍	双脚并拢屈体深蹲，双手分开支撑于体前	
	4~1-4 拍	由屈体半蹲支撑姿势成俯卧支撑，身体保持正直	
	4~5-6 拍	还原成 3~5-8 拍动作	
	4~7-8 拍	还原成直立	

第七组合：2×8 拍

第一、二个 8 拍			
1~1-4 拍	1~5-8 拍	2~1-4 拍	2~5-8 拍
动作说明	1~1-4 拍	向后转体 180°，左脚并右脚成立正姿势	
	1~5-8 拍	双脚并拢，右手上举掌心朝前，左手放于体侧	
	2~1-4 拍	双脚跳至左脚在前右脚在后弓步姿势，同时左手叉腰，右手撑垫	
	2~5-8 拍	身体向左平转体 180°，双脚并拢，双手放于体侧，坐于垫上	

第八组合：4×8 拍

第一至三个 8 拍			
1~1-4 拍	1~5-8 拍	2~1-4 拍	2~5-8 拍
动作说明	1~1-4 拍	双脚并拢屈膝坐于垫上，双手支撑于体侧	
	1~5-8 拍	保持上体姿势不变，双脚分开成分腿坐	
	2~1-4 拍	下肢保持分腿坐姿势，双手由体侧支撑成侧平举，掌心朝下	
	2~5-8 拍	下肢保持分腿坐姿势，上体向右侧转 45°，同时左手由侧平举至上举，掌心朝内，右手由侧平举至左腿位置，掌心贴于大腿	
	3~1-8 拍与 2~1-8 拍动作相同，但方向相反		

第四个 8 拍			
1–2 拍	3–4 拍	5–6 拍	7–8 拍

动作说明	4~1–2 拍	同 2~1–4 拍动作
	4~3–6 拍	下肢保持分腿坐姿势，上体前屈拉伸，同时双手平举前伸，上体与双臂尽力触及地面
	4~7–8 拍	还原成 1~1–4 拍动作

第九组合：6×8 拍

第一至三个 8 拍			
1~1–4 拍	1~5–8 拍	2~1–4 拍	2~5–8 拍

动作说明	1~1–4 拍	坐于垫上，左脚屈膝大小腿夹紧，脚掌贴于右大腿内侧，左手扶左脚踝，右手支撑于体侧
	1~5–8 拍	保持 1~1–4 拍坐姿，同时手臂至上举，掌心相对
	2~1–4 拍	继续保持 1~1–4 拍坐姿，上体前屈拉伸，双手由上举至前举时双手抱脚踝
	2~5–8 拍	还原成 1~5–8 拍动作
	3~1–8 拍动作同 2~1–8 拍动作相同	

第四至六个 8 拍			
4~1–4 拍	4~5–8 拍	5~1–4 拍	5~5–8 拍

动作说明	4~1-4 拍	左脚向右脚并拢还原成直腿坐姿状态，同时手臂下举放于体侧
	4~5-8 拍	保持 4~1-4 直腿坐姿，上体前屈拉伸，同时双手前伸抱住脚踝
	5~1-4 拍	双手还原成侧下举于体侧，同时双脚由直腿坐成屈膝坐
	5~5-8 拍	还原成 4~1-4 拍直腿坐姿
	6~1-8 拍动作同 5~1-8 拍动作相同	

第十组合：6×8 拍

第一至三个 8 拍			
1~1-4 拍	1~5-8 拍	2~1-4 拍	2~5-8 拍

动作说明	1~1-4 拍	坐于垫上，右腿屈膝大小腿折叠，脚掌贴于大腿内侧，右手扶左脚踝，左手支撑体侧
	1~5-8 拍	保持 1~1-4 拍坐姿，同时手臂至上举，掌心相对
	2~1-4 拍	继续保持 1~1-4 拍坐姿，上体前屈拉伸，双手由上举至前举时双手抱脚踝
	2~5-8 拍	还原成 1~5-8 拍动作
	3~1-8 拍动作同 2~1-8 拍	

第四至六个 8 拍			
4~1-4 拍	4~5-8 拍	5~1-4 拍	5~5-8 拍

动作说明	4~1-4 拍	左脚向右脚并拢还原成直腿坐姿状态，同时手臂下举60°放于体侧
	4~5-8 拍	保持 4~1-4 拍直腿坐姿，上体前屈拉伸，同时双手前伸抱住脚踝
	5~1-4 拍	双手还原成侧下举于体侧，同时双脚由直腿坐成屈膝坐
	5~5-8 拍	还原成 4~1-4 拍直腿坐姿
	6~1-8 拍动作同 5~1-8 拍	

第十一组合：6×8 拍

第一至四个 8 拍			
1~1-2 拍	1~3-4 拍	1~5-6 拍	1~7-8 拍
2~1-2 拍	2~3-4 拍	2~5-6 拍	2~7-8 拍

动作说明	1~1-2 拍	转体 90° 直腿坐姿坐于垫上，双脚并拢，双手放于身体两侧，掌心向下，指尖朝前
	1~3-4 拍	保持 1~1-2 拍坐姿，双手撑地同时放于体后一个手掌的距离，指尖朝后
	1~5-6 拍	双手双脚支撑成背向平板支撑，指尖朝后
	1~7-8 拍	还原成 1~1-2 拍动作
	2~1-2 拍	转体 90° 直腿坐姿坐于垫上，双脚并拢，双手放于身体两侧，掌心向下，指尖朝前
	2~3-4 拍	仰卧于垫子上，双脚并拢伸直，双手放于身体两侧，掌心向下
	2~5-6 拍	双脚并拢伸直向上 90° 成仰卧举腿，收紧腹部，腰背部贴实地面
	2~7-8 拍	双脚并拢由仰卧举腿向上举过头顶，脚尖触垫，双手贴实地面
	3~1-8 拍动作同 1~1-8 拍	
	4~1-8 拍动作同 2~1-8 拍	

第五至六个 8 拍			

5~1-2 拍		5~3-4 拍	5~5-6 拍	5~7-8 拍
动作说明	5~1-2 拍	双腿伸直并拢坐于垫上，双手放于体侧		
	5~3-4 拍	身体后倒，仰卧屈体，收紧腹部，腰背部贴实地面，两臂体侧用力压垫		
	5~5-6 拍	脚尖至头顶上方时，两臂在体侧用力下压，向上伸腿展髋，同时两臂屈肘，两手撑于腰背两侧		
	5~7-8 拍	双腿向上伸腿展髋，手肘内夹，成肘、头和肩支撑，脚背绷直		

6~1-2 拍		6~3-4 拍	6~5-6 拍	6~7-8 拍
动作说明	6~1-2 拍	双腿由上举屈髋向下落于垫上		
	6~3-4 拍	仰卧屈体，收紧腹部，腰背部贴实地面，手肘用力压垫		
	6~5-6 拍	屈双腿向下，大小腿成90°，臀部落回垫子上		
	6~7-8 拍	仰卧于垫子上，双脚并拢伸直，双手放于身体两侧，掌心向下		

第十二组合：8×8 拍

第一、二个 8 拍			
1-2 拍	3-4 拍	5-6 拍	7-8 拍
动作说明	1~1--8 拍	双人配合，一人按脚，一人仰卧抱头开始做仰卧起坐，两拍一动	
	2~1-8 拍动作同 1~1-8 拍		
第三、四个 8 拍			
1-2 拍	3-4 拍	5-6 拍	7-8 拍

动作说明	3~1-8 拍	双人配合，一人按住脚踝，一人俯卧抱头开始做背身起，两拍一动
		4~1-8 拍动作同 3~1-8 拍

<table>
<tr><td colspan="4" align="center">第五、六个 8 拍</td></tr>
<tr><td></td><td></td><td></td><td></td></tr>
<tr><td align="center">1-2 拍</td><td align="center">3-4 拍</td><td align="center">5-6 拍</td><td align="center">7-8 拍</td></tr>
</table>

动作说明	5~1-8 拍	双人配合，一人按住脚踝，一人仰卧抱头开始做仰卧起坐，两拍一动
		6~1-8 拍动作同 5~1-8 拍

<table>
<tr><td colspan="4" align="center">第七、八个 8 拍</td></tr>
<tr><td></td><td></td><td></td><td></td></tr>
<tr><td align="center">1-2 拍</td><td align="center">3-4 拍</td><td align="center">5-6 拍</td><td align="center">7-8 拍</td></tr>
</table>

动作说明	7~1-8 拍	双人配合，一人按住脚踝，一人俯卧抱头开始做背身起，两拍一动
		8~1-8 拍动作同 7~1-8 拍

第十三组合：8×8 拍

<table>
<tr><td colspan="4" align="center">第一、二个 8 拍</td></tr>
<tr><td></td><td></td><td></td><td></td></tr>
<tr><td align="center">1~1-4 拍</td><td align="center">1~5-8 拍</td><td align="center">2~1-4 拍</td><td align="center">2~5-8 拍</td></tr>
</table>

动作说明	1~1-4 拍	由仰卧姿势起身成上身坐立，双手支撑于体侧
	1~5-8 拍	双手体后支撑发力，同时坐姿转体 90°，两腿慢慢分开成直腿坐
	2~1-4 拍	下肢保持分腿坐姿势，双手经体侧支撑成侧上举，掌心朝前
	2~5-8 拍	下肢保持分腿坐姿势，上体向右侧屈，左手由侧平举至下举，右手由侧上举经体前下举至身体左侧

第三、四个 8 拍			
3~1–4 拍	3~5–8 拍	4~1–4 拍	4~5–8 拍

动作说明	3~1–4 拍	保持 2~5–8 拍动作静力拉伸练习一个 8 拍	
	3~5–8 拍		
	4~1–4 拍	还原成 2~1–4 拍动作分腿坐姿势，双手侧上举，掌心朝前	
	4~5–8 拍	同 2~5–8 动作，但方向相反	

第五、六个 8 拍			
5~1–4 拍	5~5–8 拍	6~1–4 拍	6~5–8 拍

动作说明	5~1–4 拍	保持 4~5–8 拍动作静力拉伸练习一个 8 拍
	5~5–8 拍	
	6~1–4 拍	还原成 2~1–4 拍动作分腿坐姿势，双手侧上举，掌心朝前
	6~5–8 拍	下肢保持分腿坐姿势，上体前屈 90°，同时双臂前伸，上体与双臂尽力触及地面做静力拉伸练习

第七、八个 8 拍			
7~1–4 拍	7~5–8 拍	8~1–6 拍	8~7–8 拍

动作说明	7~1–4 拍	上体慢慢立起，收双手并支撑于体侧，同时双腿屈膝并拢
	7~5–8 拍	由屈膝坐姿开始，脚掌和双手发力慢慢成立正姿势
	8~1–6 拍	原地踏步 6 拍
	8~7–8 拍	由原地踏步跳起成开立，与肩同宽，同时双手经体侧至侧上举

第六章

初中课间操活动方案与动作图解

第一节 活动方案

为全面贯彻落实教育部、国家体育总局《关于进一步加强学校体育工作，切实提高学生健康素质的意见》和《全日制义务教育体育与健康课程标准》的文件精神，推动由教育部、国家体育总局和共青团中央联合制定的《关于开展全国亿万学生阳光体育运动的决定》，特色体能课间操坚持"健康第一"的指导思想，促进学生健康成长，切实增强学生的体质，提高学生的学习效率。本活动以《江西省人民政府办公厅关于转发省教育厅等部门关于进一步加强学校体育工作实施意见的通知》等为行动指南，制定此特色体能课间操活动方案。

一、场地：田径场（200米跑道）、足球场、国旗广场、教学楼前空地。

二、器材：短跳绳（七年级学生自备）、足球（八年级学生自备）、瑜伽垫（九年级学生自备）、足球标志碟。

三、时间：周一至周五上午9：50-10：20（每天大课间活动时间），各年级分区分时进行。

四、参与对象：各年级学生全员参与。

五、组织主体：各班班主任、体育教师、安保人员。

六、活动形式

（一）场地划分

七年级：国旗广场、教学楼前空地。

八年级：田径场、足球场。

　　九年级：田径场、足球场。

（二）活动流程

1. 集合进场：各年级从教室有序整队、出队到达各班指定位置站好（5分钟）。

2. 特色操＋跑操：

①分区域组织带领各年级特色课间操活动（10分钟）；

②各年级班主任和负责本区域的体育教师组织带领跑操活动（10分钟）。

3. 退场：身心调整好，由体育教师强调运动后注意事项，各班班主任组织带领各班学生有序回教室（5分钟）。

（三）活动具体内容

七年级项目：绳操；跑操。（周一至周五全时段）

地点：国旗广场和教学楼前空地。

　　每班两列纵队，面朝国旗方向和教学楼方向，教师预先确定定点排头，绳操跳完后，学生将跳绳挂在身上，由班级负责教师或体育委员整队，学生围绕国旗广场和教学楼前空地进行顺时针跑操锻炼。

八年级项目：足球操；跑操。（每周一、三、五）

地点：田径场、足球场。

　　每班成两列纵队，面朝主席台方向，教师预先确定定点排头，足球操结束后，学生左手抱球，由班级负责教师或体育委员整队，学生围绕田径场跑道和足球场进行跑操锻炼。

九年级项目：垫上操；跑操。（每周二、四）

地点：田径场、足球场。

　　每班成两列纵队，面朝主席台方向，教师预先确定定点排头，垫上操结束后，学生收好垫子原地放好，由班级负责教师或体育委员整队，学生围绕田径场跑道和足球场进行跑操锻炼。

注意事项：每个年级跑操结束后，教师带领学生回收好器材，排队回教室。

七、站位示意图

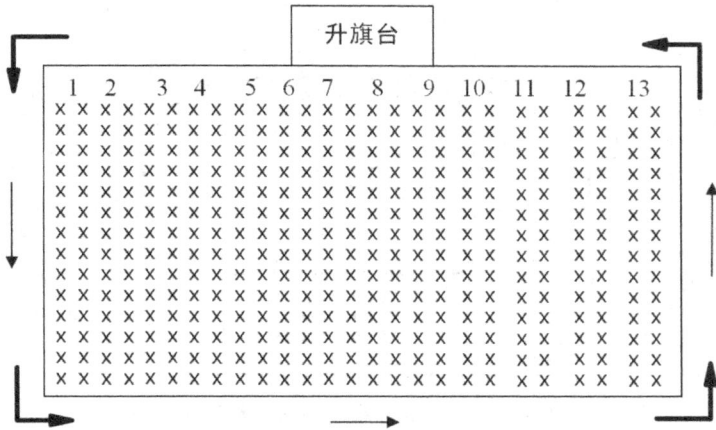

图 6-1　七年级绳操站位示意图

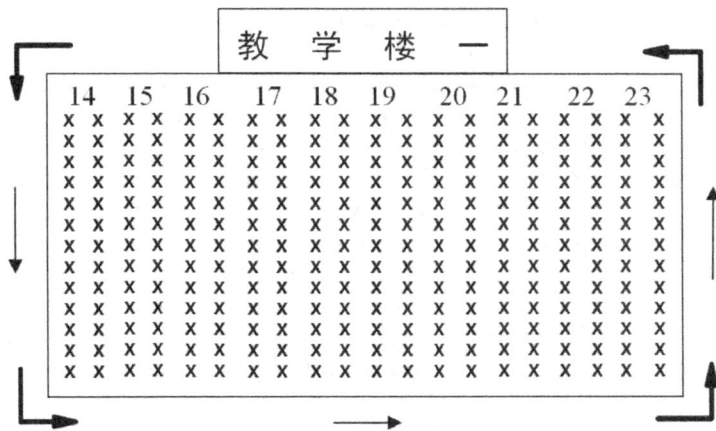

图 6-2　七年级跑操示意图

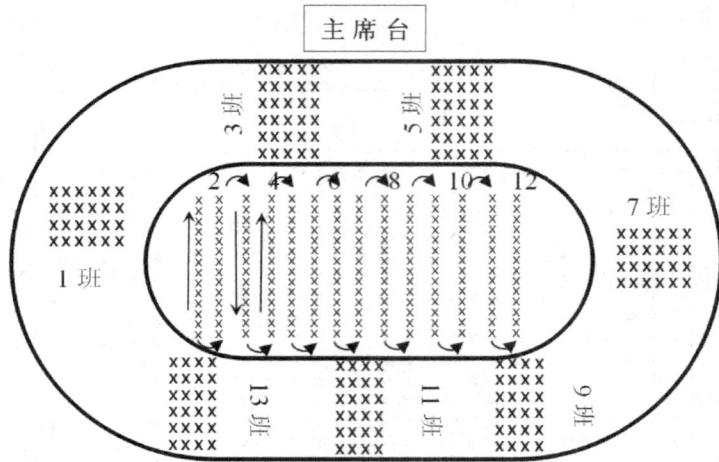

图 6-3 八、九年级跑操站位示意图

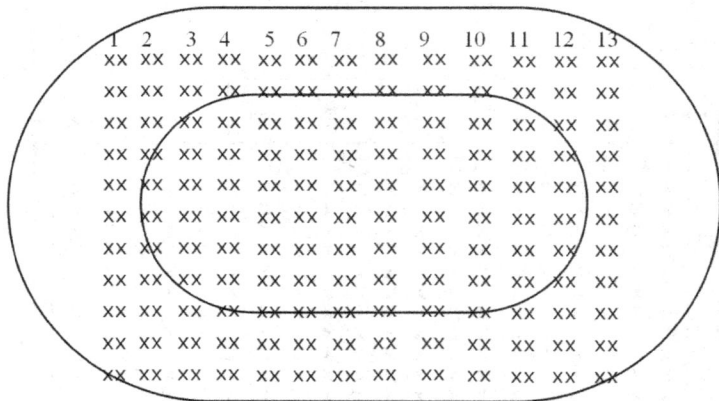

图 6-4 八、九年级足球操、垫上操示意图

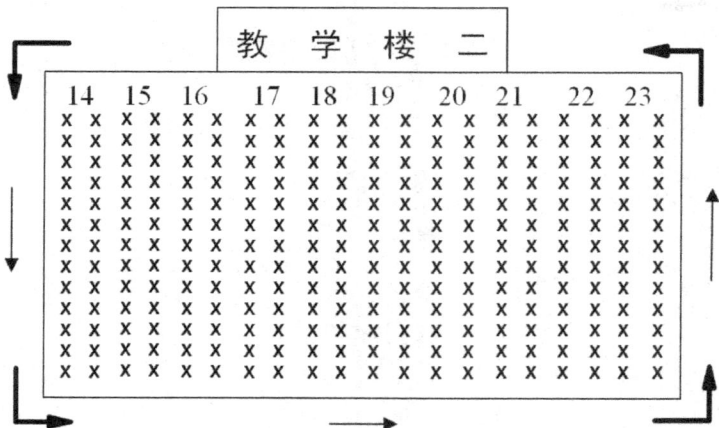

图 6-5 八、九年级跑操、足球操、垫上操示意图

第二节 《绳操》动作图解

适用：水平四（七年级） 共：80×8 拍

（参考标准向右）

第一组合：4×8 拍

第一、二个 8 拍			
1–1 拍	1–2 拍	1–3 拍	1–4 拍

动作说明	1–1 拍	左脚提膝，双手持绳	
	1–2 拍	还原持绳直立动作	
	1–3 拍	右脚提膝，双手持绳	
	1–4 拍	还原持绳直立动作	
	1~5–8 拍	与 1~1–4 拍动作相同	
	2~1–8 拍	与 1~1–8 拍动作相同	

第三、四个 8 拍			
3–1 拍	3–2 拍	3–3 拍	3–4 拍
3–5 拍	3–6 拍	3–7 拍	3–8 拍

动作说明	3~1–3 拍	迈步向前
	3–4 拍	还原成持绳直立
	3–5 拍	两脚跳开，双臂持绳与头上方
	3–6 拍	两脚并拢，双臂持绳于胸前
	3~7–8 拍	同 3~5–6 拍动作
	4~1–8 拍	与 3~1–8 拍动作相同，方向相反

第二组合：4×8 拍

第一、二个 8 拍			
1~1–2 拍	1~3–4 拍	1~5–6 拍	1~7–8 拍

动作说明	1~1–2 拍	左脚斜前迈成弓步，双手持绳前举，左脚向左前方 45° 迈成弓步，双手持绳前举
	1~3–4 拍	提右膝，同时双臂持绳右转 90°
	1~5–6 拍	恢复 1~1–2 拍动作
	1~7–8 拍	还原成持绳直立姿势
	2~1–8 拍	与 1~1–8 拍动作相同，方向相反

第三、四个 8 拍			
3~1–2 拍	3~3–4 拍	3~5–6 拍	3~7–8 拍

动作说明	3~1–2 拍	左脚开立，双臂持绳上举
	3~3–4 拍	屈膝，持绳向左侧拉伸
	3~5–6 拍	回到 1~1–2 拍动作
	3~7–8 拍	还原成持绳直立姿势
	4~1–8 拍	与 3~1–8 拍动作相同，但方向相反

第三组合：4×8 拍

第一个 8 拍			
1~1–2 拍	1~3–4 拍	1~5–6 拍	1~7–8 拍

动作说明	1~1–2 拍	持绳原地踏步（左脚先动）
	1~3–4 拍	面朝左，持绳原地踏步
	1~5–6 拍	左脚向前成弓步，同时两臂持绳经前至上举
	1~7–8 拍	双脚并拢，还原成直立
	3~1–8 拍	与 1~1–8 动作相同，方向相反

第二个 8 拍			
2~1–2 拍	2~3–4 拍	2–5 拍	2–6 拍

2–7 拍	2–8 拍

动作说明	2~1–2 拍	面朝左，持绳原地踏步
	2~3–4 拍	面朝前，持绳踏步
	2–5 拍	右脚脚跟向前点地，双臂持绳胸前屈臂
	2–6 拍	并脚，双臂持绳前举
	2–7 拍	左脚脚跟向前点地，双臂持绳胸前屈臂
	2–8 拍	并脚，双臂持绳前举
	4~1–8 拍	与 2~1–8 拍动作相同，方向相反

第四组合：4×8 拍

第一至四个 8 拍			
1~1–8 拍	2~1–8 拍	3~1–8 拍	4~5–8 拍

动作说明	1~1–8 拍	跳绳准备姿势
	2~1–8 拍	跳绳，两拍一动
	3~1–8 拍	跳绳，两拍一动
	4~1–4 拍	跳绳，两拍一动
	4~5–8 拍	停绳

第五组合：8×8 拍

第一、二个 8 拍			
1~1–4 拍	1~5–8 拍	2~1–8 拍	

动作说明	1~1–4 拍	收绳
	1~5–8 拍	原地踏步，两臂挥绳，左手在后，右手在前
	2~1–8 拍	踏步向左，两臂挥绳

第三、四个 8 拍			
3~1–2 拍	3~3–6 拍	3~7–8 拍	4~1–6 拍

	4~5-8 拍	
动作说明	3~1-2 拍	右手在上，左手在下
	3~3-6 拍	右手挥绳绕体三圈
	3~7-8 拍	左手放体侧，右手挥绳至胸前屈臂
	4~1-4 拍	右手反方向挥绳三圈
	4~5-8 拍	收绳，换手
	5~1-8 拍至 8~1-8 拍	与 1~1-8 拍至 4~1-8 拍动作相同，方向相反

第六组合：8×8 拍

第一至八个 8 拍			
1~1-2 拍	1~3-8 拍	2~1-8 拍至 4~1-8 拍	
5~1-2 拍	5~3-8 拍	6~1-8 拍至 8~1-8 拍	

动作说明	1~1-2 拍	直立站立，跳绳准备姿势
	1~3-8 拍	单数列向前挥绳放置体前地面，踏步走向双数列正前方
	2~1-8 拍至 4~1-8 拍	双人跳绳
	5~1-2 拍	停止双人跳，单数列踏步回原位，跳绳准备姿势站好
	5~3-8 拍	双数列向前挥绳放置体前地面，踏步走向单数列正前方
	6~1-8 拍至 8~1-4 拍	双人跳绳
	8~5-8 拍	停止双人跳，踏步回原位

第七组合：4×8 拍

第一至四个 8 拍	
1~1–8 拍	
动作 说明	1~1–8 拍	跳绳，一拍一动
	2~1–8 拍至 4~1–8 拍	同 1~1–8 拍动作

第八组合：4×8 拍

第一至四个 8 拍	
1~1–8 拍	
动作 说明	1~1–8 拍	弓步跳绳，一拍一动
	2~1–8 拍至 4~1–8 拍	同 1~1–8 拍动作

第九组合：4×8 拍

第一至四个 8 拍	
1~1–8 拍	
动作 说明	1~1–2 拍	单脚交替跳绳，一拍一动
	2~1–8 拍至 4~1–8 拍	同 1~1–8 拍动作

第十组合：12×8 拍

第一至四个 8 拍			
1~1-8 拍	2~1-8 拍	3~1-8 拍	4~1-8 拍

动作说明	1~1-8 拍	踏步收绳，成长绳
	2~1-8 拍	踏步收绳，成短绳
	3-1-8拍至4-1-8拍	持绳原地踏步

第五、六个 8 拍			
5~1-2 拍	5~3-4 拍	5~5-6 拍	5~7-8 拍

动作说明	5~1-2 拍	左脚向左前方迈一步，双手持绳经体前向左上方摆动
	5~3-4 拍	由左上方摆动至头顶
	5~5-6 拍	经头顶后至右上方体前摆动
	5~7-8 拍	还原持绳直立姿势
	6~1-8 拍	同 5~1-8 拍动作

第七至十二个 8 拍			
7-1 拍	7-2 拍	7-3 拍	7-4 拍

动作说明	7-1 拍	左脚向左侧迈一步，双臂前举
	7-2 拍	右脚后交叉步，手臂胸前屈臂
	7-3 拍	同 7-1 拍动作
	7-4 拍	还原直立姿势，胸前屈臂
	8~1-8 拍	同 7~1-8 拍动作
	9~1-8 拍至 12~1-8 拍	同 5~1-8 拍至 8~1-8 拍动作，方向相反

第十一组合：4×8 拍

第一、二个 8 拍			
1~1-4 拍	1~5-8 拍	2~1-6 拍	2~7-8 拍

动作说明	1~1-4 拍	持绳站立
	1~5-8 拍	绳放地上还原成直立
	2~1-6 拍	绕绳后踢腿跑
	2~7-8 拍	还原直立姿势

第三个 8 拍			
3~1-2 拍	3~3-4 拍	3~5-6 拍	3~7-8 拍

动作说明	3~1-2 拍	左脚脚跟侧点，两手屈臂至脸两侧
	3~3-4 拍	还原成直立姿势
	3~5-6 拍	右脚脚跟侧点，两手屈臂至脸两侧
	3~7-8 拍	还原成直立姿势

第四个 8 拍	
4~1-6 拍	4~7-8 拍

动作 说明	4~1-6 拍	绕绳后踢腿跑
	4~7-8 拍	还原成直立姿势

第十二组合：8×8 拍

第一至四个 8 拍	
1~1-8 拍	

动作 说明	1~1-8 拍	原地高抬腿
	2~1-8 拍至 4~1-6 拍	同 1~1-8 拍动作
	4~7-8 拍	还原站立姿势

第五至八个 8 拍			
5~1-4 拍		8~1-4 拍	8~5-8 拍

动作 说明	5~1-4 拍	俯卧撑，两拍一动
	5~5-8 拍	同 5~1-4 拍动作
	6~1-8 拍至 7~1-8 拍	同 5~1-4 拍动作，两拍一动
	8~1-4 拍	跳回半蹲拿绳
	8~5-8 拍	跳绳准备动作

第十三组合：4×8 拍

第一至四个 8 拍	
1~1-8 拍	

动作说明	1~1-8 拍	跳绳，一拍一动
	2~1-8 拍至 4~1-8 拍	同 1~1-8 拍动作

第十四组合：4×8 拍

第一至四个 8 拍	
1~1-8 拍	

动作说明	1~1-8 拍	弓步跳绳，一拍一动
	2~1-8 拍至 4~1-8 拍	同 1~1-8 拍动作

第十五组合：4×8 拍

第一至四个 8 拍	
1~1-8 拍	

动作说明	1~1-8 拍	单脚交替跳绳，一拍一动
	2~1-8 拍至 4~1-8 拍	同 1~1-8 拍动作

第三节　《足球操》动作图解

适用：水平四（八年级）　共：84×8拍

（参考标准向右）

第一组合：4×8拍

第一、二个 8 拍			
1~1-2 拍	1~3-4 拍	1~5-6 拍	1~7-8 拍

动作说明	1~1-2 拍	左脚开立，双手持球前举	
	1~3-4 拍	双手持球转至左侧	
	1~5-6 拍	还原成 1~1-2 拍动作	
	1~7-8 拍	还原成直立持球动作	
	2~1-8 拍	同 1~1~8 拍动作，方向相反	

第三、四个 8 拍			
3~1-2 拍	3~3-4 拍	3~5-6 拍	3~7-8 拍

动作说明	3~1-2 拍	左脚开立，双手持球于头顶上方	
	3~3-4 拍	上体前屈，双手持球于正下方	
	3~5-6 拍	左脚收回，同时下蹲，持球于膝前	
	3~7-8 拍	还原成直立持球动作	
	4 至 8~1-8 拍	同 3~1-8 拍动作，方向相反	

第二组合：4×8 拍

第一、二个 8 拍			
1~1-2 拍	1~3-4 拍	1~5-6 拍	7~1-8 拍
动作说明	1~1-2 拍	左脚斜前 45° 迈开，成弓步，双手持球前举	
	1~3-4 拍	提右膝，持球于胸前	
	1~5-6 拍	还原右腿，持球前举	
	1~7-8 拍	右脚向左脚并拢，右手经体前与左手并拢	
	2~1-8 拍	同 1~1-8 拍动作相同，方向相反	
	2 至 4~1-8 拍	2~1-8 拍、4~1-8 拍与 1~1-8 拍动作相同，方向相反；3~1-8 拍与 1~1-8 拍动作相同	

第三组合：4×8 拍

第一、二个 8 拍			
1~1-4 拍	1~5-8 拍	2~1-4 拍	2~5-8 拍
动作说明	1~1-4 拍	持球迈步向前（左脚先动）	
	1~5-8 拍	右脚提膝，双手持球于头顶上方	
	2~1-4 拍	持球后撤步（右脚先动）	
	2~5-8 拍	还原成直立持球动作	
第三、四个 8 拍			

3~1-4 拍	3~5-8 拍	4~1-4 拍	4~5-8 拍
动作说明	3~1-4 拍	持球原地踏步（左脚先动）		
	3~5-8 拍	左脚侧迈，上体朝侧，持球于额前上方，第 8 拍回原位		
	4~1-4 拍	持球原地踏步		
	4~5-8 拍	右脚侧迈，上体朝侧，持球于额前上方，第 8 拍回原位		

第四组合：4×8 拍

第一、三个 8 拍			
1~1-2 拍	1~3-4 拍	1~5-6 拍	1~7-8 拍
动作说明	1-1-2 拍	持球踏步向右		
	1~3-4 拍	持球踏步向后		
	1~5-6 拍	持球踏步向左		
	1~7-8 拍	持球踏步向前		
	3~1-8 拍	同 1~1-8 拍动作		

第二、四个 8 拍			
2~1-4 拍	2~5-8 拍	4~1-4 拍	4~5-8 拍
动作说明	2~1-4 拍	左脚开立，双手持球于头顶上方		
	2~5-8 拍	还原成直立持球动作		
	4~1-4 拍	左脚单膝蹲下，持球于膝前		
	4~5-8 拍	还原成直立持球动作		

第五组合：4×8 拍

第一个 8 拍			
1~1-2 拍	1~3-4 拍	1~5-6 拍	1~7-8 拍

动作说明	1~1-2 拍	左脚左斜前方迈步，持球斜前方划弧线
	1~3-4 拍	还原成直立持球动作
	1~5-6 拍	右脚右斜前方迈步，持球斜前方划弧线
	1~7-8 拍	还原成直立持球动作

第二个 8 拍			
2~1-2 拍	2~3-4 拍	2~5-6 拍	2~7-8 拍

动作说明	2~1-2 拍	右脚正前方迈步，持球正前方划弧线
	2~3-4 拍	还原成直立持球动作
	2~5-6 拍	后踢腿，持球于胸前
	2~7-8 拍	后踢腿，持球于头顶上方

第三个 8 拍			
3~1-2 拍	3~3-4 拍	3~5-6 拍	3~7-8 拍

动作说明	3~1–2 拍	左脚侧开屈膝半蹲，双手持球前举
	3~3–4 拍	还原成直立持球动作
	3~5–6 拍	右脚侧开屈膝半蹲，双手持球前举
	3~7–8 拍	还原成直立持球动作

第四个 8 拍		
4~1–4 拍	4~4–5 拍	4~4–6 拍

动作说明	4~1–4 拍	左脚侧点，重心在左脚，持球贴近左脸
	4~4–5 拍	重心转至左脚，持球头顶左上方
	4~4–6 拍	重心转至右脚，持球头顶右上方
	4~7–8 拍	与 4~5–6 拍动作相同

第六组合：4×8 拍

第一、二个 8 拍			
1~1–3 拍	1~4 拍	1~5–7 拍	1~8 拍

动作说明	1~1–3 拍	持球迈步向前（左脚先动）
	1~4 拍	右脚提膝，双手持球于头顶上方
	1~5–7 拍	持球后撤步（右脚先动）
	1~8 拍	还原成直立持球动作
	2~1–8 拍	与 1~1–8 拍动作相同

第三、四个 8 拍			
3~1–4 拍	3~5–8 拍	4~1–4 拍	4~5–8 拍

动作说明	3~1–4 拍	持球原地踏步（左脚先动）
	3~5–8 拍	左脚侧迈，上体朝侧，持球于额前上方，第 8 拍回原位
	4~1–4 拍	持球原地踏步（右脚先动）
	4~5–8 拍	右脚侧迈，上体朝侧，持球于额前上方，第 8 拍回原位

第七组合：4×8 拍

第一、三个 8 拍			
1~1–2 拍	1~3–4 拍	1~5–6 拍	1~7–8 拍

动作说明	1~1–2 拍	持球踏步向右
	1~3–4 拍	持球踏步向后
	1~5–6 拍	持球踏步向左
	1~7–8 拍	持球还原站立
	3~1–8 拍	同 1~1–8 拍动作

第二、四个 8 拍			
2~1–4 拍	2~5–8 拍	4~1–4 拍	4~5–8 拍

动作说明	2~1-4 拍	左脚开立，双手持球于头顶上方
	2~5-8 拍	还原成直立持球动作
	4~1-4 拍	左脚单膝蹲下，持球于膝前
	4~5-8 拍	还原成直立持球动作

第八组合：4×4 拍

第一至四个 8 拍			
1~1-2 拍	1~3-4 拍	1~5-6 拍	1~7-8 拍

动作说明	1~1-4 拍	1-2 拍向下击球，3-4 拍接球，两拍一动
	1~5-8 拍	与 1~1-4 拍动作相同
	2~1-8 拍至 4~1-8 拍	与 1~1-8 拍动作相同

第九组合：2×4 拍

第一个 8 拍			
1~1-2 拍	1~3-4 拍	1~5-6 拍	1~7-8 拍

动作说明	1~1-2 拍	左脚左斜前方迈步，持球斜前方划弧线
	1~3-4 拍	还原成直立持球动作
	1~5-6 拍	右脚右斜前方迈步，持球斜前方划弧线
	1~7-8 拍	还原成直立持球动作

第二个 8 拍			
2~1-2 拍	2~3-4 拍	2~5-6 拍	2~7-8 拍

动作说明	2~1-2 拍	右脚正前方迈步，持球正前方划弧线
	2~3-4 拍	还原成直立持球动作
	2~5-6 拍	后踢腿，持球于胸前
	2~7-8 拍	后踢腿，持球于头顶上方

第三个 8 拍			
3~1-2 拍	3~3-4 拍	3~5-6 拍	3~7-8 拍

动作说明	3~1-2 拍	左脚侧开屈膝半蹲，双手持球前举
	3~3-4 拍	还原成直立持球动作
	3~5-6 拍	右脚侧开屈膝半蹲，双手持球前举
	3~7-8 拍	还原成直立持球动作

第四个 8 拍		
4~1-4 拍	4-5 拍	4-6 拍

动作说明	4~1-4 拍	左脚侧点，重心在右脚，持球贴近右脸
	4~5 拍	重心转至左脚，持球头顶左上方
	4~6 拍	重心转至右脚，持球头顶右上方
	4~7-8 拍	与 4~5-6 拍动作相同

第十组合：4×4 拍

第一、二个 8 拍			
1~1–2 拍	1~3–4 拍	1~5–6 拍	1~7–8 拍

动作说明	1~1–2 拍	左脚开立，双手持球前举
	1~3–4 拍	双手持球转至左侧
	1~5–6 拍	还原成 1~1–2 拍动作
	1~7–8 拍	还原成直立持球动作
	2~1–8 拍	同 1~1–8 拍动作，方向相反

第三、四个 8 拍			
3~1–2 拍	3~3–4 拍	3~5–6 拍	3~7–8 拍

动作说明	3~1–2 拍	左脚开立，双手持球于头顶上方
	3~3–4 拍	上体前屈，双手持球于正下方
	3~5–6 拍	左脚收回，同时下蹲，持球于膝前
	3~7–8 拍	还原成直立持球动作
	4~1–8 拍	同 3~1–8 拍动作，方向相反

第十一组合：4×4 拍

第一、二个 8 拍			

1~1–2 拍	1~3–4 拍	1~5–6 拍	1~7–8 拍
动作说明	1~1–2 拍	左脚斜前迈成弓步，双手持球前举		
	1~3–4 拍	提右膝，同时持球于胸前		
	1~5–6 拍	还原右腿，持球前举		
	1~7–8 拍	还原成直立持球动作		
	2~1–8 拍至 4~1–8 拍	2~1–8 拍、4~1–8 拍与 1~1–8 拍动作相同，方向相反；3~1–8 拍与 1~1–8 拍动作相同		

第十二组合：4×4 拍

第一、二个 8 拍			
1~1–2 拍	1~3–4 拍	1~5–6 拍	1~7–8 拍
动作说明	1~1–2 拍	双脚跳开，上肢前屈，持球前举		
	1~3–4 拍	还原成持球直立动作		
	1~5–6 拍	双脚跳开，持球于头顶上方		
	1~7–8 拍	还原成持球直立动作		
	2~1–8 拍	与 1~1–8 拍动作相同		
第三、四个 8 拍			
3–1 拍	3–2 拍	3–3 拍	3–4 拍

3-5 拍	3-6 拍	3-7 拍	3-8 拍
动作说明	3-1 拍	左腿提膝，持球于胸前	
	3-2 拍	还原成持球直立动作	
	3-3 拍	左腿大踢，持球于胸前	
	3-4 拍	还原成持球直立动作	
	3-5 拍	右腿提膝，持球于胸前	
	3-6 拍	还原成持球直立动作	
	3-7 拍	右腿大踢，持球于胸前	
	3-8 拍	还原成持球直立动作	
	4~1-8 拍	与 3~1-8 拍动作相同	

第十三组合：4×8 拍

第一至四个 8 拍	
1~1-4 拍	1~5-8 拍

动作说明	1~1-4 拍	球放于体前
	1~5-8 拍	原地踏步
	2~1-8 拍至 4~1-8 拍	与 1~5-8 动作相同

第十四组合：4×4 拍

第一至四个 8 拍			
1-1 拍	1-2 拍	2-3 拍	2-4 拍

	1–1 拍	手自然摆动，右脚点球
	1–2 拍	手叉腰，还原直立
	1–3 拍	手自然摆动，左脚点球
动作说明	1–4 拍	手叉腰，还原直立
	1~5–8 拍	踏步至面朝右
	2~1–8 拍	与 1~1–8 拍动作相同，踏步至面朝后
	3~1–8 拍	与 1~1–8 拍动作相同，踏步至面朝左
	4~1–8 拍	与 1~1–8 拍动作相同，踏步至面朝前

第十五组合：8×8 拍

第一、二个 8 拍			
1~1–2 拍	1~3–4 拍	1~5–6 拍	1~7–8 拍

	1~1–2 拍	左脚向前推球
	1~3–4 拍	左脚向后拉球
动作说明	1~5–6 拍	左脚向前推球
	1~7–8 拍	还原直立
	2~1–8 拍	同 1~1–8 拍动作，换成右脚推球

第三、四个 8 拍			
3~1–2 拍	3~3–4 拍	3~5–6 拍	3~7–8 拍

动作说明	3~1-2 拍	左脚绕球
	3~3-4 拍	还原直立
	3~5-6 拍	右脚绕球
	3~7-8 拍	还原直立
	4~1-8 拍	与 3~1-8 拍动作相同，方向相反

第十六组合：8×8 拍

第一至八个 8 拍			
1~1-8 拍	2~1-8 拍		4~1-8 拍
动作说明	1~1-8 拍	A、B 组踏步至面对面，A 组原地踩球，B 组面向 A 组站立	
	2~1-8 拍	A 组原地踩球，B 组向前踏三步击球后还原	
	3~1-8 拍	与 2~1-8 拍动作相同	
	4~1-8 拍	原地踏步	
	5~1-8 拍至 7~1-8	与 1~1-8 拍至 4~1-8 拍动作相同，方向相反	
	8~1-8 拍	还原直立姿势，球在体前	

第十七组合：8×8 拍

第一、二个 8 拍			
1~1-2 拍	1~3-4 拍	1~5-6 拍	1~7-8 拍
动作说明	1~1-2 拍	左脚向前推球	
	1~3-4 拍	左脚向后拉球	
	1~5-6 拍	左脚向前推球	

	1~7-8 拍	还原直立
	2~1-8 拍	同 1~1-8 拍动作，右脚推球

第三、四个 8 拍			
3~1-2 拍	3~3-4 拍	4~1-2 拍	4~3-4 拍

动作说明	3~1-2 拍	左脚向左拉球
	3~3-4 拍	左脚向右拉球
	3~5-8 拍	同 3~1-4 拍动作
	4~1-2 拍	右脚向左拉球
	4~3-4 拍	右脚向右拉球
	4~5-8 拍	同 4~1-4 拍动作

第五、六个 8 拍			
5~1-2 拍	5~3-4 拍	5~5-6 拍	5~7-8 拍

动作说明	5~1-2 拍	左脚绕球
	5~3-4 拍	还原直立
	5~5-6 拍	右脚绕球
	5~7-8 拍	还原直立
	6~1-8 拍	与 5~1-8 拍动作相同

第七、八个 8 拍

7~1-8 拍		
动作说明	7~1-8 拍	原地踏步
	8~1-8 拍	与 7~1-8 拍动作相同

第十八组合：4×8 拍

第一至四个 8 拍			
1-1 拍	1-2 拍	1-3 拍	1-4 拍

2~1-8 拍		

	1~1 拍	手叉腰，左脚点球
	1~2 拍	手叉腰，还原直立
	1~3 拍	手叉腰，右脚点球
	1~4 拍	手叉腰，还原直立
动作说明	1~5-8 拍	与 1~1-4 拍动作相同
	2~1-8 拍	绕球跑 1 圈
	3~1-8 拍	与 1~1-8 拍动作相同
	4~1-8 拍	与 2~1-8 拍动作相同

第四节 《体能操》动作图解

适用：水平四（九年级） 共：88×8拍

（参考标准向右）

第一组合：4×8拍

第一、二个8拍			
1~1–2拍	1~3–4拍	1~5–6拍	7~1–8拍

动作说明	1~1–2拍	左脚开立，两手侧平举
	1~3–4拍	右脚向左脚并拢，右手经体前与左手并拢
	1~5–6拍	右脚侧点，右手经体前至斜45°
	1~7–8拍	右脚向左脚并拢，右手经体前与左手并拢
	2~1–8拍	与1~1–8拍动作相同，方向相反

第三、四个8拍			
3~1–2拍	3~3–4拍	3~5–6拍	3~7–8拍

动作说明	3~1–2拍	左脚开立，两手侧平举
	3~3–4拍	右脚向左脚并拢，屈膝，两手交叠，低头
	3~5–6拍	双手向后，掌心向后，头向上抬起
	3~7–8拍	还原成直立
	4~1–8拍	与3~1–8拍动作相同，方向相反

第二组合：4×8 拍

第一至四个 8 拍			
1~1–2 拍	1~3–4 拍	1~5–6 拍	1~7–8 拍

动作说明	1~1–2 拍	左脚侧踢，同时左手胸前平举，右手侧平举
	1~3–4 拍	左脚前踢，同时右手胸前平举，左手侧平举
	1~5–6 拍	左脚后踢，同时上手向上交叠（左手在上）
	1~7–8 拍	还原成直立姿势
	2~1–8 拍、4~1–8 拍	与 1~1–8 拍动作相同，方向相反
	3~1–8 拍	与 1~1–8 拍动作相同

第三组合：4×8 拍

第一个 8 拍			
1~1–2 拍	1~3–4 拍	1~5–6 拍	1~7–8 拍

动作说明	1~1–2 拍	左脚开立，两手侧平举
	1~3–4 拍	上体左侧屈（两臂经平举），同时左手触及踝外侧，右臂侧上举（掌心朝外，抬头看手），3 拍到位，4 拍保持
	1~5–6 拍	上体左侧屈，右手触踝内侧，左臂侧上举（掌心向后，看手）
	1~7–8 拍	两手同时触及脚尖

第二个 8 拍			
2~1-2 拍	2~3-4 拍	2~5-6 拍	2~7-8 拍

动作说明	2~1-6 拍	上体侧屈振动三次，两手同时触及脚尖
	2~7-8 拍	还原成直立
	3~1-8 拍	与 1~1-8 拍动作相同
	4~1-8 拍	与 2~1-8 拍动作相同

第四组合：4×8 拍

第一个 8 拍			
1~1-2 拍	1~3-4 拍	1~5-6 拍	1~7-8 拍

动作说明	1~1-2 拍	右脚向前一步立，同时双手经体侧至上举，掌心相对
	1~3-4 拍	右脚并左脚，屈膝下蹲
	1~5-8 拍	双腿跪地，手放体侧

第二个 8 拍			
2~1-2 拍	2~3-4 拍	2~5-6 拍	2~7-8 拍

动作说明	2~1-2 拍	双脚跪地，同时两臂经前至上举（掌心朝前）
	2~3-4 拍	下肢不动，两臂侧平举（掌心朝前）
	2~5-6 拍	下肢不动，身体后屈，双手向后至脚跟
	2~7-8 拍	保持 5-6 拍动作不变

第三、四个 8 拍	
3~1-8 拍	4~1-8 拍

动作说明	3~1-8 拍	与 2~1-8 拍动作相同
	4~1-8 拍	下肢不动，上身直立，双手还原至体侧

第五组合：8×8 拍

第一至四个 8 拍			
1~1-8 拍	2~1-8 拍	3~1-8 拍	4~1-8 拍

动作说明	1~1-8 拍	面朝右，左右脚分腿坐，两臂放于体侧
	2~1-8 拍	身体左屈，左手放于右胯，右臂经侧平举，右臂贴身，正压两次
	3~1-8 拍	身体右屈，右手放于左胯，左臂经侧平举，左臂贴身，正压两次
	4~1-8 拍	身体前屈，双手前举，振压两次

第五至八个 8 拍			
5~1-8 拍	6~1-8 拍	7~1-8 拍	8~1-8 拍

动作说明	5~1-8 拍	右手体后方撑地，身体离地成 30°，眼睛平视前方
	6~1-8 拍	上身直立，下肢分腿坐，两臂放于体侧
	7~1-8 拍	左手体后方撑地，身体离地成 30°，眼睛平视前方
	8~1-8 拍	身体直立，下肢分腿坐，两臂放于体侧

第六组合：4×8 拍

第一、二个 8 拍			
1~1-4 拍	1~5-8 拍	2~2-1 拍	2~2-2 拍

动作说明	1~1-4 拍	面朝右，两腿并腿坐，两臂放两侧
	1~5-8 拍	两腿屈膝，身体直立，手臂放两侧
	2~2-1 拍	左脚蹬直，右脚屈膝，上身直立，手臂放两侧
	2~2-2 拍	右脚蹬直，左脚屈膝，上身直立，手臂放两侧
	2~3-8 拍	重复 2~1-2 拍动作

第三、四个 8 拍			
3~1-8 拍	4~1-4 拍	4~5-6 拍	4~7-8 拍

动作说明	3~1-8 拍	与 2~1-8 拍动作相同
	4~1-4 拍	两腿屈膝，身体直立，手放两侧
	4~5-6 拍	左手侧举，右手撑地
	4~7-8 拍	撑地起身，旋转至面朝左，成直立

第七组合：8×8 拍

第一个 8 拍			

1~1-2 拍	1~3-8 拍			
动作说明	1~1-2 拍	屈膝蹲地，双手撑地，低头		
	1~3-8 拍	低头含胸，依次经肩、背、臀至蹲起		

第二个 8 拍			
2~1-2 拍	2~3-4 拍	2~5-6 拍	2~7-8 拍

动作说明	2~1-4 拍	双腿跪地，身体直立，双臂放两侧
	2~5 拍	双腿跪地，身体直立，双手握拳向前上方摆起
	2~6 拍	双腿跪地，身体直立，双手握拳向后摆动
	2~7-8 拍	展髋，迸腰，身体向上腾起，提膝，收腿

第三至六个 8 拍	
3~1-8 拍	6~1-8 拍

动作说明	3~1-8 拍	踏步，面朝右
	4~1-8 拍	与 1~1-8 动作相同，方向相反
	5~1-8 拍	与 2~1-8 动作相同，方向相反
	6~1-8 拍	踏步至垫子后方，还原成直立

第七个 8 拍			
7-1 拍	7-2 拍	7-3 拍	7-4 拍

动作说明	7-1 拍	两脚开立，双手侧上举 45°，掌心朝前
	7-2 拍	右脚并左脚，右手侧屈于头顶，左手挥臂成 30°
	7-3 拍	两腿开立，双手侧上举 45°，掌心朝前
	7-4 拍	左脚并右脚，左手测屈于头顶，右手挥臂成 30°
	7~5-6 拍	7-5-6 拍与 7-1-2 拍动作相同，方向相反
	7~7-8 拍	7-7-8 拍与 7-3-4 拍动作相同，方向相反

第八个 8 拍			
8~1-2 拍	8~3-4 拍	8-5 拍	8-6 拍
8-7 拍		8-8 拍	

动作说明	8~1-2 拍	左脚侧点，手臂屈肘，绕圈（2 圈）
	8~3-4 拍	左右手击掌 2 次
	8-5 拍	胯向左，双臂侧上举 45°
	8-6 拍	胯向右，双臂侧平举
	8-7 拍	胯向左，双臂侧下举 45°
	8-8 拍	还原成直立

第八组合：8×8 拍

第一至八个 8 拍

1~1-8	
2~1-4 拍	2~5-8 拍
3~1-4	3~5-8
7~1-4	7~5-8
8~1-8	

动作说明	1~1-8 拍	单数列踏步走向双数列，隔垫子面对面站好
	2~1-4 拍	身体跪卧于垫上
	2~5-8 拍	撑起，成平板支撑
	3~1-8 拍至 6~1-8 拍	平板支撑状态下相互击掌，两拍一动，每个 8 拍中的 1-2 拍左手击掌，3-4 拍还原，5-6 右手击掌，7-8 拍还原
	7~1-8 拍	平板支撑还原成站立
	8~1-8 拍	踏步回原位

第九组合：8×8 拍

第一、二个 8 拍			
1~1-2 拍	1~3-8 拍	2~1-2 拍	2~3-8 拍

动作说明	1~1–2 拍	双腿屈膝蹲地，双手撑地，低头
	1~3–8 拍	低头含胸，依次经肩—背—臀前滚翻
	2~1–2 拍	双脚直腿坐，两手放于体侧
	2~3–8 拍	身体前屈，双手抱住脚踝

第三、四个 8 拍

3–1–4 拍	3~5–8 拍	4~1–8 拍

动作说明	3~1–4 拍	身体团身后滚
	3~5–8 拍	成肩肘倒立
	4~1–8 拍	保持肩肘倒立

第五至七个 8 拍

5–1 拍	5–2 拍	7~1–4 拍	7~5–8 拍

动作说明	5–1 拍	肩肘倒立，左脚蹬直，右脚屈膝
	5–2 拍	右脚蹬直，左脚屈膝
	5~3–8 拍	重复 5~1–2 拍动作
	6~1–8 拍	与 5~1–8 拍动作相同
	7~1–8 拍	收腿成直腿坐，面朝左，两臂放体侧

第八个 8 拍

8~1-4 拍		8~5-8 拍
动作 说明	8~1-4 拍	左手撑地，右手侧上举
	8~5-8 拍	还原成直立，面朝右

第十组合：6×8 拍

第一至六个 8 拍			
1~1-8 拍、2~1-8 拍	3~1-8 拍	4~1-8 拍	5~1-8 拍
动作 说明	1~1-8 拍、 2~1-8 拍	1~1-8 拍后踢腿跑至垫子后侧，2~1-8 拍原地后踢腿	
	3~1-8 拍	面朝左，弓步跳	
	4~1-8 拍	面朝后，后踢腿	
	5~1-8 拍	面朝右，弓步跳	
	6~1-8 拍	后踢腿跑至垫子右侧	

第十一组合：4×8 拍

第一至四个 8 拍	
1~1-2 拍	1~3-4 拍
1~5-6 拍	1~7-8 拍

动作说明	1~1–8 拍	成跪卧撑，四拍一动
	2~1–8 拍至 4~1–8 拍	与 1~1–8 拍动作相同

第十二组合：4×8 拍

第一至四个 8 拍	
1~1–4 拍	1~5–8 拍

动作说明	1~1–4 拍	身体俯卧于垫上，两手屈臂于两侧
	1~5–8 拍	两臂伸直，身体向后仰起
	2~1–8 拍至 4~1–8 拍	与 1~1–8 动作相同

第十三组合：8×8 拍

第一至八个 8 拍	
1~1–4 拍	1~5–8 拍
3~5–8 拍	4~1–8 拍至 6~1–8 拍

7~1-8 拍	8~1-8 拍

动作说明	1~1-4 拍	身体俯卧于垫上，手臂屈臂于胸前
	1~5-8 拍	身体俯卧，左右脚交替后踢
	2~1-8 拍和 3~1-4 拍	与 1~5-8 拍动作相同
	3~5-8 拍	双脚后踢，双手向后抓住脚踝
	4~1-8 拍至 6~1-8 拍	手臂用力拉起，头向后仰
	7~1-8 拍	还原成俯卧动作
	8~1-8 拍	成跪坐姿势

第十四组合：16×8 拍

第一至十六个 8 拍	
1~1-8 拍至 4~1-8 拍	5~1-8 拍至 8~1-8 拍
9~1-8 拍至 12~1-8 拍	13~1-8 拍至 16~1-8 拍

动作说明	1~1-8 拍至 4~1-8 拍	面朝右，直腿坐，身体前屈振压，两拍一动
	5~1-8 拍至 8~1-8 拍	左脚跨栏腿拉伸
	9~1-8 拍至 12~1-8 拍	右脚跨栏腿拉伸
	13~1-8 拍至 16~1-8 拍	左右手臂拉伸

参考文献

图书专著类

［1］毕淑敏.破解幸福密码［M］.南京：江苏人民出版社，2010.

［2］蔡仲林，周之华.武术［M］.北京：高等教育出版社，2005.

［3］陈奎生，金兆均.早操与课间操［M］.上海：勤奋书局，1949.

［4］龚飞，梁柱平.中国体育史简编［M］.成都：西南交通大学出版社，2010.

［5］龚正伟.中国体育改革伦理理路与实践：我们需要什么样的体育［M］.长沙：湖南师范大学出版社，2011.

［6］顾明远.教育大辞典［M］.上海：上海教育出版社，1998.

［7］郭玉学.小学课间操教学［M］北京：北京教育出版社，1998.

［8］国家体育总局职业技能鉴定指导中心.体育舞蹈［M］.北京：高等教育出版社，2012.

［9］国务院.全民健身条例（中华人民共和国国务院令第560号）［M］.北京：法律出版社，2009.

［10］黄燊.体操［M］.北京：高等教育出版社，2007.

［11］李晋裕.学校体育史［M］.海口：海南出版社，2000.

［12］刘智丽.特色课间操［M］.成都：电子科技大学出版社，2013.

［13］卢竞荣.中小学课余体育训练［M］.北京：人民体育出版社，2016.

［14］卢元镇.社会体育学［M］.北京：高等教育出版社，2002.

［15］陆征麟.概念［M］.石家庄：河北人民出版社，1960.

［16］马鸿韬.健美操运动教程［M］.北京：北京体育大学出版社，2008.

［17］马鸿韬.体育艺术概论［M］.北京：高等教育出版社，2011.

［18］全国体育学院教材委员会审定.体操［M］.北京：人民体育出版社，2007.

［19］苏肖晴.新民主主义体育史［M］.福州：福建教育出版社，1999.

［20］孙耀，刘琪，杨鸣．大众健身行为的理论研究［M］．北京：中国商业出版社，2008.

［21］田雨普．农民体育发展战略研究［M］．南京：南京师范大学出版社，2009.

［22］童昭岗．体操［M］．北京：高等教育出版社，2010.

［23］王洪．啦啦操教程［M］．北京：人民体育出版社，2013.

［24］肖光来．健美操［M］．北京：人民体育出版社，2008.

［25］徐晓燕．社会体育学［M］．杭州：浙江大学出版社，2013.

［26］杨铁黎．体育概论［M］．北京：人民体育出版社，2014.

［27］郁庆定，王惠敏，罗明凤，等．大健康进校园：阳光体育课间操［M］．北京：人民体育出版社，2017.

报纸类

［1］苟仲文．新中国体育70年［N］．中国体育报，2019-09-24.

［2］胡一峰．课间操跳"飞天"，跳出美育新维度［N］．科技日报，2020-10-30（008）.

［3］李永贤．毛泽东的学生"减负"观：健康第一、学习第二［N］．中国教育报，2004-01-18.

［4］推广广播体操　大家都来做广播体操［N］．人民日报，1951-11-25.

［5］原国家体委，国务院科教组．第五套儿童体操图解［N］．解放日报，1973-06-2.

［6］中国共产党第十八届中央委员会．中共中央关于全面深化改革若干重大问题的决定［N］．人民日报，2013-11-16（001-004）.

［7］李海龙．沈阳一小学课间操改练双节棍400人齐练武［N/OL］．辽沈晚报-society.eastday.com社会新闻，2006-10-25.http：//sh.eastday.com/eastday/node79841/node79863/node168063/u1a2398604.html.

学位论文类

［1］蔡龙．武术作为小学课间操的必要性研究［D］．西安：西安体育学院，2011：I.

［2］郭立江．扇子舞进入嘉兴地区高中女生体育课堂的可行性研究［D］．长春：东北师范大学，2007：2.

［3］梁禄．特色课间操在济南市市中区中学大课间的推广路径研究［D］．济南：

山东体育学院，2018：25.

[4]陆云鹏.戴着镣铐的舞者——基于班级中规范与自由的研究[D].上海：华东师范大学，2013.

[5]蒙茁芽.啦啦操运动在高校校园的开展现状及对策研究[D].桂林：广西师范大学，2010.

[6]沈雨华.当代中学校园排球运动研究[D].杭州：杭州师范大学，2012：I.

[7]汪莹.建国后中小学课间操形制演变研究[D].株洲：湖南工业大学，2018.

[8]王娟.高中室内课间操创编研究[D].成都：成都体育学院，2016：16.

[9]夏祥伟.研究生体育锻炼与健康问题的研究[D].上海：华东师范大学，2005.

[10]杨娟.小学大课间轻器械特色操创编研究[D].成都：成都体育学院，2018.

[11]邹美琴.阳光体育背景下小学特色课间操的创编与实证研究[D].成都：成都体育学院，2013：46.

[12]左溢.舞蹈啦啦操挥鞭转难度动作训练的优化研究[D].成都：成都体育学院，2013：I.

政策文件类

[1]教育部.教育部关于推广《第一套全国中小学校园集体舞》的通知（教体艺函〔2007〕4号）[R].2007-05-31.

[2]中共中央　国务院.关于加强青少年体育增强青少年体质的意见（中发〔2007〕7号）[R].2007-05-07.

[3]中华体育总会，教育部，卫生部，等.关于推行广播体操活动的联合通知[R].1951-11-27.

[4]国务院.国务院办公厅关于强化学校体育促进学生身心健康全面发展的意见（国办发〔2016〕27号）[R].2016-05-06.

[5]国务院.国务院关于加快发展体育产业　促进体育消费的若干意见（国发〔2014〕46号）[R].2014-10-20

[6]中共中央办公厅，国务院办公厅.《关于全面加强和改进新时代学校体育工作的意见》和《关于全面加强和改进新时代学校美育工作的意见》[EB/OL].中

国教育部，2020-10-15. http：//www.moe.gov.cn/jyb_xxgk/moe_1777/moe_1778/202010/t20201015_494794.html.

［7］中华人民共和国国务院办公室.国务院办公厅转发教育部等部门关于进一步加强学校体育工作若干意见的通知［R/OL］.2012-10-22.http：//www.gov.cn/zwgk/2012-10/29/content_2252887.htm.

［8］中华人民共和国教育部.学校体育工作条例（中华人民共和国国家教育委员会令第8号）［EB/OL］.中华人民共和国中央人民政府，2012-11-15. http：//www.gov.cn/fwxx/content_2267007.htm.

［9］中央全面深化改革委员会.关于深化体教融合促进青少年健康发展的意见［EB/OL］.2020-04-27. http：//www.gov.cn/xinwen/2020-04-27/content_5506777.htm.

［10］教育部，国家体育总局，共青团中央.教育部　国家体育总局　共青团中央关于开展全国亿万学生阳光体育运动的决定（教体艺〔2006〕6号）［EB/OL］.中华人民共和国教育部，2006-12-20. http：//www.moe.gov.cn/publicfiles/business/htmlfiles/moe/moe_2530/201001/xxgk_80870.html.

［11］教育部.教育部关于落实保证中小学生每天体育活动时间的意见（教体艺〔2005〕10号）［EB/OL］.中华人民共和国教育部，2005-08-19. http：//www.moe.edu.cn/ publicfiles/business/htmlfiles/ moe/s3276/201001/ 80889.html.

期刊论文类

［1］蔡月飞.论传统武术的回归与当代价值［J］.武汉体育学院学报，2015（8）：40-46.

［2］曾腾，张云崖，唐进秀.国学视域下《弟子规》与幼儿武术礼仪教育［J］.武术科学，2014（10）：27.

［3］陈三政.互联网对大学生体育锻炼的影响［J］.韶关学院学报，2019（12）：84-88.

［4］陈婷.基于优秀民族文化传承的校本课程开发实践探索——以拉萨市实验小学藏文化特色校本课程为例［J］.民族教育研究，2020（1）：148-153.

［5］陈雁飞，董文梅，毛振明.论体育教学方法的概念和层次［J］.天津体育学院学报，2006（2）：180-182.

［6］陈颖悟，熊百华，余万予，等.论建国前我国课间操的演变与发展［J］.江西师范大学学报（自然科学版），2004（5）：467-471.

［7］陈跃瀚.论概念的起源［J］.自然辩证法研究，2016（9）：9-14.

［8］邓红妮.新颖而实用的准备活动——健美操［J］.体育与科学，1986（4）：40-43.

［9］董文梅，毛振明.刍议体育学习方法［J］.西安体育学院学报，2005（4）：88-93.

［10］冯发金.新时代民族地区特色体育校本课程开发的实证研究——以卡蒲毛南族"斗地牯牛"为例［J］.西南师范大学学报（自然科学版），2018（10）：179-184.

［11］甘淮海.质疑"授人以鱼，不如授人以渔"［J］.中学政治教学参考，2013(Z2)：13.

［12］高晓芳.我国大众健美操运动的民俗化趋势［J］.体育文化导刊，2015(10)：34-38.

［13］郭学松，曹莉，陈萍，等.民族传统体育传承中的理性与自觉之相互逻辑：福建金斗洋畲族武术传承人的口述历史［J］.体育与科学，2020（5）：100-105.

［14］杭华彬.浅谈体育教学中如何培养大学生自主探究学习的体育意识［J］.南京体育学院学报（社会科学版），2013（6）：99-103.

［15］胡秋菊，刘建成.山区中小学课间操的现状调查与思考——以耒阳市坪田学校为例［J］.学苑教育，2015（19）：91.

［16］胡筱飞，杨国芳.浅谈艺术体操绳操的基本技术［J］.上海体育学院学报，1984（2）：62-64.

［17］黄亮，杨雪，黄志华，等.理解双人肢体运动表达的友好和敌对意图的ERP证据［J］.心理学报，2019（5）：557-570.

［18］姬上兵.现代体育学习方式的特性及与传统体育学习方式的整合［J］.体育学刊，2013（5）：86-88.

［19］贾国有.体育课堂中的真实学习实现［J］.教育理论与实践，2017（35）：61-62.

［20］姜玉华."探究性学习"在高中体育教学中的应用［J］.南京体育学院学报（社会科学版），2011（5）：102-103，107.

［21］李艳，陈新亚，陈逸煊，等.疫情期间大学生在线学习调查与启示——以浙江大学竺可桢学院为例［J］.开放教育研究，2020（5）：60-70.

［22］刘冬笑，王越，李国.我国青少年体质下降与兵源建设窘境［J］.体育学刊，

2020，27（2）：69-72.

［23］刘浩，杨伟军.逻辑学视角下体能概念研究的整合［J］.体育学刊，2008（9）：79-83.

［24］罗翠玉.扇子舞在校园团体操表演中的价值［J］.华人时刊：中外教育，2011（10）：23-24.

［25］骆冰，陈华，袁存柱.黎族竹竿舞在海南高校开展的构想［J］.海南大学学报（人文社会科学版），2010（1）：15-20.

［26］毛振明.新中国70年的学校体育成就与新时代的发展方向［J］.天津体育学院学报，2019（6）：461-465.

［27］普丽春.民族地区学校教育传承少数民族非物质文化遗产的现状与反思——以国家级非物质文化遗产云南彝族烟盒舞为例［J］.民族教育研究，2011（2）：112-117.

［28］史江杰，马行凤.论篮球运动的发展趋势及我国篮球运动的发展方向［J］.南京体育学院学报（社会科学版），2004（3）：93-95..

［29］苏新勇，吴雪萍，张琦.积极心理学视角下残疾大学生体育锻炼与心理韧性培养研究［J］.体育科技文献通报，2020（6）：29-30，38.

［30］孙恩民.运用引趣教学法教学效果好［J］.教育与职业，2005（26）：77-78.

［31］孙海艳.高职院校体育协同心理健康教育的思考［J］.职教论坛，2014（5）：28-30.

［32］万茹，莫磊.体育教学中的"探究式学习"教学法［J］.体育学刊，2008（8）：64-67.

［33］王浩.小学体育大课间活动长效机制的构建［J］.田径，2020（5）：10-11.

［34］王虹霞.语言文化视角下大学英语教学策略探讨——评《外国语言文学及外语教学研究》［J］.中国教育学刊，2020（8）：143.

［35］王华倬，高飞.新中国70年学校体育学发展回顾与展望［J］.北京体育大学学报，2019（11）：35-42.

［36］王建伟.健康中国背景下我国学校体育发展的困境与出路［J］.广州体育学院学报，2019，39（4）：1-4.

［37］王涛.如何提高学校课间操质量［J］.甘肃教育，2019（16）：31.

［38］习近平.领导干部要认认真真学习［J］.共产党员，2008（11）：6-7.

［39］习近平寄语广大少年儿童强调　刻苦学习知识坚定理想信念磨练坚强意志锻炼强健体魄　为实现中华民族伟大复兴的中国梦时刻准备着　向全国各族少年儿童致以节日的祝贺［J］.中国火炬，2020（6）：3.

［40］肖红香.新课程标准理念下学生体育学习方式的理论探析［J］.西安体育学院学报，2011（6）：761-764.

［41］肖庆顺，马金晶.校本课程开发的运行机制［J］.天津市教育科学研究院学报，2009（2）：40-42.

［42］徐炳嵘.品牌追求：教育现代化视域中的特色学校建设［J］.上海教育科研，2012（4）：87-88.

［43］徐辉，周妹，陈庆国.学校课间操组织与实施的创新［J］.教学与管理，2015（13）：71-73.

［44］徐月萍，陈华英.广场舞的文化功用和社会效益［J］.人民论坛，2019（3）：140-141.

［45］许万林，曾玉华.安塞腰鼓在高校的传承分析［J］.体育文化导刊，2012（4）：127-128.

［46］杨洪波.用校园精神培育师生员工的时代精神［J］.学理论，2012（28）：256-258.

［47］杨阳.当前高校校园文化建设应着力把握好的几个问题［J］.思想理论教育导刊，2012（4）：120-122.

［48］姚品荣，刘步嵩.着眼一代人，确保"一小时"［J］.上海体育学院学报，1983（2）：70-73.

［49］俞海洛，方慧，刘洋，等.习近平新时代关于体育的重要论述对普通高校体育教学改革的启示［J］.体育学刊，2020（5）：76-81.

［50］张秋颖，于全磊，陈建文.积极心理学下性格品质研究概述［J］.三门峡职业技术学院学报，2010，9（1）：14-17，20.

［51］张旭平.中小学特色课间操的创编原则及方法［J］.甘肃教育，2017（17）：72.

［52］郑婕，李明."非遗"项目的活态传承研究——以腰鼓文化为例［J］.内江师范学院学报，2013（6）：97-98.

［53］郑寿存.小学课间操的改革［J］.教学与管理，2011（5）：12.

〔54〕周世钊.毛主席锻炼身体的故事〔J〕.新体育,1958(6):2-7.

〔55〕周晓卉.体能概念及相关问题思考〔J〕.体育文化导刊,2010(6):106-108,116.

〔56〕周育林.南京化工子弟第一中学实行体育改革的调查报告〔J〕.江苏体育科技,1982(3):27.

其他网络文献

〔1〕安文靖."舞林"盛会热校园〔EB/OL〕.新华网,2011-10-31. http://hn.cnr.cn/campus/xyjzz/201110/t20111031_508705331.html.

〔2〕暗月N潜龙J.聊城二中广场舞课间操〔EB/OL〕.优酷,2014-05-01. http://v.youku.com/v_show/id_XNzA2MjU2NDY4.html.

〔3〕曾嘉豪.东莞中堂中学首创足球操校园足球原来可以这样玩〔EB/OL〕.东莞阳光网,2015-11-27. http://sports.sun0769.com/photo/dzbd/201511/t20151127_6044364.shtml#p=1.

〔4〕陈革林.实验二小篮球操比赛〔EB/OL〕.中国缙云新闻网,2015-05-24. http://jynews.zjol.com.cn/jynews/system/2015/05/24/019361619.shtml.

〔5〕改革开放三十年来的我国学校体育工作成就〔EB/OL〕.2019-01-04. http://old.moe.gov.cn/publicfiles/business/htmlfiles/moe/moe_2572/200901/42514.html.

〔6〕关开亮,徐祥达.敦煌壁画"飞天舞"!这里的课间操火了~〔EB/OL〕.新华社,2020-10-22. https://mp.weixin.qq.com/s/xT0GyLcslz0jyr0n31_Q6A.

〔7〕合肥光华学校.小学部举行扇子操比赛〔EB/OL〕.合肥光华学校官网,2015-10-17. http://www.hfghxx.com/contents/24/2445.html.

〔8〕江城趣闻播报.民俗文化进校园课间操舞起中国龙〔EB/OL〕.优酷,2016-04-13. http://v.youku.com/v_show/id_XMTUzMzQ5NTQ2OA==.html.

〔9〕焦作六中.春光无限好,校园大跑操〔EB/OL〕.散文网,2017-04-03. http://sanwen.net/a/qmlsqwo.html.

〔10〕梨视频.嗨飞起!小学课间操千名学生跳街舞〔EB/OL〕.梨视频,2019-03-26. http://www.pearvideo.com/video_1534769.

〔11〕溧阳千名学生表演非遗"太平锣鼓操"…会是什么样的场面?〔EB/OL〕.微信公众号中国溧阳,2016-06-13. http://mp.weixin.qq.com/s/bTTTsj3lSVgnd8mJphZIow.

［12］刘佳.舞龙灯［EB/OL］.陕西传媒网，2013-02-06. http：//www.sxdaily.com.cn/n/2013/0206/c435-5070983.html.

［13］柳玉.传承民乐特色舞动红绸迎青奥——古小课间操师生集体扭秧歌［EB/OL］.南京雨花教育网，2011-12-24. http：//www.yhjy.cn/htmlnews/667/20111224224657.htm.

［14］奇骏 suv.欣嘉园第一小学课间操（现场声音）［EB/OL］.优酷，2016-12-01. http：//v.youku.com/v_show/id_XMTg0NDQ0MDgyNA==.html ？ from=s1.8-1-1.2&spm=a2h0k.8191407.0.0.

［15］千喜良缘婚庆会所.新坝村小学学生课间操《小苹果》［EB/OL］.优酷，2014-12-20. http：//v.youku.com/v_show/id_XODUyNTc4MTQ4.html ？ spm=a2hzp.8253869.0.0&from=y1.7-2.

［16］千寻.晴隆一小校运会首推"竹竿操"激发学生运动热情［EB/OL］.兴义之窗，2014-11-21. http：//www.xyzc.cn/article-2416-1.html.

［17］瞿宏伦.贵州一小学课间操融入土家花灯戏 拿扇子舞步独特［EB/OL］.广西新闻网，2018-12-05. http：//news.gxnews.com.cn/staticpages/20181205/newgx5c0794d7-17865744-4.shtml.

［18］邵骁歆，马青.凤凰县山江镇 - 小学将苗族舞蹈编成"课间操"（图）［EB/OL］.红网综合，2011-10-27. http：//hn.rednet.cn/c/2011/10/27/2412258.htm.

［19］沈思辰小高兴.［亲子］幼儿园最萌课间操刷牙歌广播体操沈思辰［EB/OL］.优酷，2013-01-20. http：//v.youku.com/v_show/id_XNTA0MjI5Njcy.html.

［20］市建华区东路小学："千人排球操"成校园风景线［EB/OL］.新浪网，2013-08-30. http：//hlj.sina.com.cn/edu/campus/2013-08-30/133926799.html.

［21］苏田波，王聿明.塔山小学：魅力足球操，快乐大课间［EB/OL］.微信公众号赣榆教育发布，2020-09-29.https：//mp.weixin.qq.com/s/xLh-qWXyV3x7a4evTTjYjw.

［22］仝宗莉，尹深.校长领跳"鬼步舞"课间欢乐就应这样［EB/OL］.人民网，2020-10-26. http：//opinion.people.com.cn/n1/2020/1026/c1003-31905364.html.

［23］土豆用户 _712209174.闻喜二中课间操《兔子舞 + 小苹果》［EB/OL］.优酷，2014-09-26. http：//v.youku.com/v_show/id_XNzkxMTE2MjI0.html.

［24］西楚教育网.大兴小学：快乐足球操做起来［EB/OL］.西楚网，2013-05-09. http：//www.xichuedu.net/folder1972/2013/05/2013-05-09279584.html.

［25］小天天添.绳操［EB/OL］.搜狐视频，2012-07-05.https：//tv.sohu.com/v/d
XMvNjMyNjAyNzIvMjU5NjMwODYuc2h0bWw=.html.

［26］许心怡，崔元苑."花式"课间操走俏给学校体育带来哪些思考［EB/
OL］.人民健康网，2020-10-20. http：//health.people.com.cn/n1/2020/1020/c14739-
31898504.html.

［27］杨贵胜.高沙小学课间操时间跳校园舞——让我们舞起来［EB/OL］.东升
镇教育信息网，2013-09-17. http：//www.dsjy.com/article/show.asp？ id=13815.

［28］杨磊，胡雪蓉.中央深改组通过足改方案 振兴足球关键是把路子走对
［EB/OL］.人 民 网，2015-02-28. http：//sports.people.com.cn/n/2015/0228/c22134-
26609504.html.

［29］于素梅."花式"课间操走俏给学校体育带来哪些思考[EB/OL].人民健康网，
2020-10-20. http：//health.people.com.cn/n1/2020/1020/c14739-31898504.html.

［30］月亮蓝又蓝.山东省昌乐二中初中部健美操（课间操）［EB/OL］.优酷，
2012-04-17. http：//v.youku.com/v_show/id_XMzgyNjc4MzE2.html.

［31］郑结瑞.浙江义乌千名学生课间齐练武术操［EB/OL］.人民网，2014-06-
04. http：//picchina.people.com.cn/n/2014/0604/c213236-25104228.html.

［32］中国教育年鉴2007［EB/OL］.2008-11-07. http：//www.moe.gov.cn/jyb_sjzl/
moe_364/moe_2516/tnull_40910.html.

［33］体育教师大本营.【大课间】搏击操、踏板操、跳跳球、跳绳……各种帅！
给你们点赞～［EB/OL］.2019-01-09.https：//mp.weixin.qq.com/s？ __biz=MzIyNzM4
MDM2NQ==&mid=2247488543&idx=2&sn=……

后记

本教材是编委会成员集体智慧的结晶、集体心血的成果，编委会成员为：赣州市红旗大道第二小学陈燕、江西理工大学基础课教学部方家省、南昌大学附属中学郭杨乐、成都市都江堰市锦堰中学黄姚、山东石油化工学院霍凯、上海市闵行区田园外国语中学姜敏、九江市鹤湖学校蒋娟、鄄城县第一中学李东、福建师范大学体育科学学院李旺林、台州市椒江区中山小学潘晨莹、共青科技职业学院教育学院彭盛莲、赣州市于都县宽田乡中心小学舒鹏、北京体育大学中国田径运动学院王亚丽、九江双语实验学校吴震宇、南昌市进贤县第一初级中学谢莹、九江市修水县古市镇月塘中小学杨梦莹、深圳市龙岗区康艺学校袁丽停、山东石油化工学院张成明、华中师范大学体育学院郑小倩、南昌师范附属实验教育集团周文娟以及南昌大学体育学院曹爱春、周超群、王惠敏、李旻、刘力豪、张子健、周杨雪和张晓玲。

在教材编撰过程中，参考引用了大量的相关文献资料：1. 文献种类丰富多样，既涉及传统的教材用书、学术专著、期刊论文、学位论文、报纸文章和网络文章等，又涉及与课题相关的图片和视频截图等。2. 文献来源渠道多种，既有纸质版的图书、期刊，又有网络电子版的图书、论文等，还有相关学校和教育部门的官方报道。一方面，为了尊重作者或部门的相关版权；另一方面，为了便于感兴趣的读者了解资料来源和感兴趣的研究者参考引用相关资料，我们在撰写教材过程中，尽可能地参考中华人民共和国国家标准（GB/T 7714—2015）《信息与文献　参考文献著录规则》，翔实地著录相关参考文献。但由于水平、经验和时间有限，相对于查阅的文献资料来说，尤其是相对于引用的观点资料来说，难免挂一漏万，不能一一严谨标注，遗漏和错误之处希望能够得到大家的指正。在此对相关的作者表示衷心的感谢！

同时，感谢南昌大学体育学院温悦、李俊、王浩、朱云玲、林祁、吴淑珍、谭紫雯、梁天傲、潘月民等对本研究资料查询的帮助，以及对书稿的挑剔性阅读。

最后，特别感谢江西人民出版社在本书出版过程中给予的大力支持与帮助，尤其感谢江西人民出版社饶芬老师热心、耐心与细心的指导，才让本书得以顺利出版。

鉴于时间、精力、经验和水平有限，书中定存在不足之处，恳请感兴趣的读者批评指正，我们不胜感激！如果您需要书中任何材料，也可以联系 djwang@ncu.edu.cn，谢谢！

王道杰

2021 年 10 月